# Städte-Ordnung

der

# Rheinprovinz

vom 15. Mai 1856

mit den

aus späteren Gesetzen, insbesondere den §§ 7–23 des Zuständigkeitsgesetzes vom 1. August 1883 sich ergebenden Aenderungen und Zusätzen.

Zusammengestellt

von

**H. Steffenhagen,**

Rechtsanwalt und Verwaltungsbeamter a. D.

Berlin.

J. J. Heines Verlag.

1887.

# Vorwort.

Die Städte-Ordnung der Rheinprovinz ist bereits durch eine Reihe von Gesetzen modificirt. Eine wesentliche Abänderung derselben steht nun noch in Folge des dort am 1. Juli 1888 nach Einführung der neuen Kreisordnung in Kraft tretenden Zuständigkeitsgesetzes vom 1. August 1883 bevor. Dadurch werden nicht weniger als 47 Paragraphen, also gerade die Hälfte der Städte-Ordnung, in sehr wesentlichen Bestimmungen aufgehoben. Der handliche Gebrauch der letzteren wird in Folge dessen erheblich erschwert, namentlich für diejenigen Mitglieder der städtischen Behörden und diejenigen an der Kommunalverwaltung betheiligten Bürger, welchen es in Folge ihres bürgerlichen Berufs an Zeit fehlt, sich zum Zwecke ihrer Orientirung über die bevorstehenden Verwaltungsreformen mit dem Studium der neueren Gesetzgebung, und insbesondere des vorberegten Zuständigkeitsgesetzes an sich und in dem Verhältnisse zur Städte-Ordnung zu befassen. Es wird deshalb voraussichtlich in der Rheinprovinz ebenso, wie in den übrigen Landestheilen der Preußischen Monarchie, in welchen jenes Zuständigkeitsgesetz bereits Geltung erlangt hat, das Bedürfniß nach einer solchen Textausgabe hervortreten, in welcher alle eingetretenen Aenderungen und Zusätze zum Ausdrucke gelangen. Daß eine derartige Textausgabe einem wirklich praktischen Bedürfnisse entspricht, hat dem Verfasser die wohlwollende Aufnahme seiner für die 6 östlichen Provinzen und die Provinz Hannover bereits in gleicher Weise bearbeiteten und in vielen Auflagen erschienenen Städte-Ordnungen in den Kreisen der dortigen städtischen Behörden zur Genüge bewiesen.

Es sind nun in der vorliegenden Ausgabe die aufgehobenen bezw. abgeänderten Bestimmungen des Originaltextes durch Klammer [] und den darin befindlichen feineren Druck markirt, während die desfallsigen Abänderungen resp. Zusätze durch gesperrten Druck, welchem in jedem Falle die abändernde Bestimmung der betreffenden Gesetze, insbesondere des Zuständigkeitsgesetzes (abgekürzt in Zust.-G.) zum Zwecke des Nachschlagens und der Controle beigefügt ist, in anschaulicher Weise hervorgehoben sind.

Ich schließe mit dem Wunsche, daß diese Ausgabe auch in der Rheinprovinz der an der Selbstverwaltung der Städte betheiligten Bürgerschaft, insbesondere auch denjenigen Gemeindebeamten, welche fast täglich die Bestimmungen der Städte-Ordnung praktisch zu verwerthen die Gelegenheit haben, zum Nachschlagen eine nicht unwillkommene sein möge.

**Der Verfasser.**

# Inhalts-Verzeichniß.

## Titel III.

### Von der Wahl des Bürgermeisters und der Beigeordneten (Magistratspersonen.)

Seite

## Titel IV.

### Von den Geschäften der Stadtverordneten-versammlung.

Seite

## Titel V.

### Von den Geschäften des Bürgermeisters.



## Titel VI.

### Von den Gehältern und Pensionen.



## Titel VII.

### Von dem Gemeindehaushalte.

Seite

## Titel VIII.

### Von der Einrichtung der städt. Verfassung mit kollegialischem Magistrat.

## Titel IX.

### Von der Verpflichtung zur Annahme von Stellen und von dem Ausscheiden aus denselben wegen Verlustes des Bürgerrechts.



## Titel X.

### Von der Oberaufsicht über die Stadtverwaltung.



## Titel XI.

### Ausführungs- und Uebergangsbestimmungen.

# Städte-Ordnung
der
# Rheinprovinz
vom 15. Mai 1856.

---

§ 1.

Die gegenwärtige Städte-Ordnung kommt für die auf dem Provinziallandtage im Stande der Städte vertretenen Gemeinden von mehr als 10 000 Einwohnern zur Anwendung, sowie für diejenigen Städte von geringerer Einwohnerzahl, in denen zur Zeit der Verkündigung der Gemeinde-Ordnung vom 11. März 1850 die revidirte Städte-Ordnung vom 17. März 1831 galt.

Durch Königliche Verordnung kann die gegenwärtige Städte-Ordnung nach Befinden auch anderen auf dem Provinziallandtage im Stande der Städte vertretenen Gemeinden der Rheinprovinz, sowie nach Anhörung des Provinzial-Landtages auch anderen, als den bisher auf demselben im Stande der

Städte vertretenen Gemeinden auf ihren Antrag verliehen werden. (Kr.-O. v. 30. Mai 1887 § 21.)

## Titel I.

### Von den Grundlagen der städtischen Verfassung.

§ 2.

Zu dem städtischen Gemeindebezirke (Stadtbezirke) gehören alle innerhalb dessen Grenzen gelegenen Grundstücke.

Veränderungen des Stadtbezirks können nur mit Genehmigung des Königs nach Anhörung der Gemeindevertretung vorgenommen werden. Bei Veränderungen im Stadtbezirke erfolgt die Regulirung der Verhältnisse nach Vernehmnng der Betheiligten im Verwaltungswege durch [die Regierung, gegen deren Entscheidung der Rekurs an den Oberpräsidenten stattfindet] Beschluß des Bezirksausschusses (Zust.-G. § 8.)

Der Bezirks-Ausschuß beschließt über die in Folge einer Veränderung der Grenzen der Stadtbezirke nothwendig werdende Auseinandersetzung zwischen den betheiligten Gemeinden, vorbehaltlich der den letzteren gegen einander zustehenden Klage im Verwaltungsstreitverfahren. (Zust.-G. § 8, Abs. 2.)

Privatrechtliche Verhältnisse dürfen durch dergleichen Veränderungen niemals gestört werden.

Eine jede solche Veränderung ist durch das Amtsblatt bekannt zu machen.

Streitigkeiten über die bestehenden Grenzen der Stadtbezirke unterliegen der Entscheidung im Verwaltungsstreitverfahren. (Zust.-G. § 9, Abs. 1.)

Ueber die Festsetzung streitiger Grenzen beschließt vorläufig, sofern es das öffentliche Interesse erheischt, der Bezirksausschuß. Bei dem Beschlusse behält es bis zur rechtskräftigen Entscheidung im Verwaltungsstreitverfahren sein Bewenden. (Zust.-G. § 9, Abs. 2.)

§ 3.

Alle Einwohner des Stadtbezirks, mit Ausnahme der servisberechtigten Militairpersonen des aktiven Dienststandes, gehören zur Stadtgemeinde.

Als Einwohner werden diejenigen betrachtet, welche in dem Stadtbezirke nach den Bestimmungen der Gesetze ihren Wohnsitz haben.

§ 4.

Alle Einwohner des Stadtbezirks sind zur Mitbenutzung der öffentlichen Gemeindeanstalten der Stadt berechtigt, und zur Theilnahme an den städtischen Gemeindelasten nach den Vorschriften dieses Gesetzes verpflichtet.

Die Bestimmungen besonderer Stiftungen, welche mit dergleichen städtischen Gemeinde-Anstalten verbunden sind, sowie die hinsichtlich solcher Anstalten auf besonderen Titeln beruhenden Privatrechte werden hierdurch nicht berührt. Ingleichen wird die bestehende Organisation der Armenverwaltungen durch dieses Gesetz nicht aufgehoben.

**[Wer, ohne in dem Stadtbezirke zu wohnen, daselbst Grundbesitz hat oder ein stehendes Gewerbe betreibt, ist dennoch verpflichtet, an denjenigen Lasten Theil zu nehmen, welche auf den Grundbesitz oder das Gewerbe oder auf das aus jenen Quellen fließende Einkommen gelegt sind.]**

**[Dieselbe Verpflichtung haben juristische Personen, welche in dem Stadtbezirke Grundeigenthum besitzen, oder ein stehendes Gewerbe betreiben.]**

Aktiengesellschaften, Kommanditgesellschaften auf Aktien, Berggewerkschaften, eingetragene Genossenschaften, deren Geschäftsbetrieb über den Kreis ihrer Mitglieder hinausgeht, und juristische Personen, insbesondere auch Gemeinden und weitere Kommunalverbände, unterliegen in Gemeinden, in welchen sie Grundbesitz, gewerbliche Anlagen, Eisenbahnen oder Bergwerke haben, Pachtungen, stehende Gewerbe, Eisenbahnen oder Bergbau betreiben, hinsichtlich des ihnen aus diesen Quellen in der Gemeinde zufließenden Einkommens den auf das Einkommen gelegten Gemeindeabgaben.

Bis zur anderweitigen Regelung der Heranziehung des Staatsfiskus zu den auf das Einkommen gelegten Gemeindeabgaben in Verbindung mit der Ueberweisung von Grund- und Gebäudesteuer an die Kommunalverbände unterliegt der Staatsfiskus diesen Abgaben bezüglich des Einkommens aus den von ihm betriebenen Gewerbe-, Eisenbahn- und Bergbauunternehmungen, sowie aus den Domänen und Forsten.

Der im vorletzten Absatz gedachten Abgabepflicht unterliegen auch physische Personen, welche in Gemeinden, ohne daselbst einen Wohnsitz zu haben, oder sich länger als drei Monate aufzuhalten, Grundbesitz, gewerbliche Anlagen, Eisenbahnen oder Bergwerke haben, Pachtungen, stehende Gewerbe, Eisenbahnen oder außerhalb einer Gewerkschaft Bergbau betreiben — Forensen — (Gesetz, betreffend Ergänzung und Abänderung einiger Bestimmungen über Erhebung der auf das Einkommen gelegten direkten Kommunalabgaben, vom 27. Juli 1885).

[Wo städtische Gemeindeabgaben durch Zuschläge zur Klassen- oder klassifizirten Einkommensteuer erhoben werden, müssen alle Diejenigen, welche im Stadtbezirke sich aufhalten, um dort ihren Unterhalt zu erwerben, sobald sie daselbst eine dieser Steuern zu entrichten haben, auch die gedachten Zuschläge zahlen. Wo eine Kommunalsteuer anderer Art eingeführt ist, sind dergleichen Personen bei einem Aufenthalte von mehr als drei Monaten im Stadtbezirke vom Ablaufe des dritten Monats an zu jener Steuer beizutragen verpflichtet.] Die Gemeinde kann neu Anziehende, gleich den übrigen Gemeindeeinwohnern, zu den Gemeindelasten heranziehen. Uebersteigt die Dauer des Aufenthalts nicht den Zeitraum von drei Monaten, so sind die neu Anziehenden diesen Lasten nicht unterworfen. (Gesetz über die Freizügigkeit vom 1. November 1867 § 8.)

Zu den auf den Grundbesitz oder auf das stehende Gewerbe gelegten Lasten sind auch die im § 3 erwähnten Militairpersonen verpflichtet, wenn sie im Stadtbezirke mit Grundeigenthum angesessen sind oder ein stehendes Gewerbe treiben. Von anderen directen Gemeindeabgaben und Lasten sind dieselben, mit Ausnahme der Militairärzte rücksichtlich ihres Einkommens aus einer Civilpraxis und der im Offiziersrange stehenden Militairpersonen des Friedensstandes, welche der Heranziehung zur Klassen- oder klassifizirten Einkommensteuer unterliegen, rücksichtlich ihres aus sonstigen Quellen fließenden außerdienstlichen Einkommens, frei. (Gesetz, betreffend die Heranziehung von Militärpersonen zu Abgaben für Gemeindezwecke vom 29. Juli 1886.) Von Verbrauchsabgaben bleiben nur die Militair-Speise-Einrichtungen und ähnliche Anstalten in dem bisherigen Umfange befreit.

Die in dem Gesetze, betreffend die Aufhebung der Grundsteuerbefreiungen vom 24. Februar 1850 § 2 — Gesetz-Sammlung S. 62 —, bezeichneten ertragsunfähigen oder zu einem öffentlichen Dienste oder Gebrauche bestimmten Grundstücke sind nach Maaßgabe der Kabinetsordre vom 8. Juni 1834 — Gesetz-Sammlung S. 87 — von den Gemeindeauflagen befreit.

[Denjenigen Staatswaldungen, welche seither von den nach dem Grundsteuerfuße vertheilten Gemeindelasten befreit gewesen sind, verbleibt fernerhin diese Befreiung, dagegen bleibt auch] das Regulativ wegen Heranziehung der Staatswaldungen zum Wegebau vom 17. November 1841 — Gesetz-Sammlung S. 405 — bleibt fortbestehen. (Gesetz vom 27. Juli 1885 § 1 Abs. 2.)

Zeitweilige Befreiungen von Gemeindeabgaben und Leistungen für neu bebaute Grundstücke sind zulässig.

Alle sonstige, nicht persönliche Befreiungen können von den Stadtgemeinden abgelöst werden, und hören auf, wenn die Entschädigung festgestellt und gezahlt ist; bis dahin bestehen dieselben in ihrem bisherigen Umfange fort, erstrecken sich jedoch nur auf den gewöhnlichen Zustand, nicht auf außerordentliche Leistungen.

Die Befreiung und der Anspruch auf Entschädigung erlöschen, wenn sie in Städten, wo die Gemeinde-Ordnung vom 11. März 1850 bereits eingeführt ist, nicht binnen Jahresfrist nach deren Einführung bei dem Gemeindevorstande angemeldet sind, und in den anderen Städten nicht binnen Jahresfrist nach Einführung der gegenwärtigen Städte-Ordnung bei dem Bürgermeister angemeldet werden. Die Entschädigung wird zum zwanzigfachen Betrage des Jahreswerthes der Befreiung nach dem Durchschnitte der letzten zehn Jahre vor der Verkündigung dieser Städte-Ordnung geleistet. Steht ein anderer Entschädigungsmaßstab durch speciellen Rechtstitel fest, so hat es hierbei sein Bewenden. Der Entschädigungsbetrag wird durch Schiedsrichter, mit Ausschluß der ordentlichen Rechtsmittel, festgestellt; von diesen wird der eine von dem Besitzer des bisher befreiten Grundstücks, der andere von der Gemeindevertretung ernannt. Der Obmann ist, wenn sich die Schiedsrichter über dessen Ernennung nicht verständigen können, von der Aufsichtsbehörde zu ernennen.

Die Geistlichen und Elementarschullehrer sind von allen direkten Gemeindeabgaben hinsichtlich ihres Diensteinkommens und ihrer Dienstgrundstücke, ingleichen von allen persönlichen Gemeindediensten, soweit dieselben nicht auf ihnen gehörigen Grundstücken lasten, befreit, Kirchendiener insoweit, als ihnen diese Befreiung zur Zeit der Verkündigung der Gemeinde-Ordnung vom 11. März 1850 zustand. Alle übrigen persönlichen Befreiungen sind ohne Entschädigung aufgehoben.

Wegen der Besteuerung des Diensteinkommens der Beamten sind die Vorschriften des Gesetzes vom 11. Juli 1822 — Gesetz-Sammlung S. 184 — und der Kabinetsordre vom 14. Mai 1832 — Gesetz-Sammlung S. 145 — sowie des § 12 des Gesetzes vom 27. Juli 1885 über das Steuerdomizil der Beamten anzuwenden. Das nothwendige Domizil der Beamten findet bei der Communalbesteuerung keine Anwendung. (Gesetz vom 27. Juli 1885 § 12.)

Durch die in diesen Gesetzen bestimmten Geldbeiträge sind die Beamten zugleich von persönlichen Diensten frei. Sind sie jedoch Besitzer von Grundstücken, oder betreiben sie ein stehendes Gewerbe, so müssen sie die mit diesem Grundbesitz resp. Gewerbe verbundenen persönlichen Dienste entweder selbst oder für den Fall der Verhinderung durch Stellvertreter leisten.

§ 5.

Das Bürgerrecht besteht in dem Rechte zur Theilnahme an den Wahlen, sowie in der Befähigung zur Uebernahme unbesoldeter Aemter in der Gemeindeverwaltung und zur Gemeindevertretung. Jeder selbstständige Preuße erwirbt dasselbe, wenn er seit einem Jahre

1) Einwohner des Stadtbezirks ist und zur Stadtgemeinde gehört — § 3 —,
2) keine Armenunterstützung aus öffentlichen Mitteln empfangen,
3) die ihn betreffenden Gemeindeabgaben bezahlt hat, und außerdem
4) entweder

ein Wohnhaus im Stadtbezirke besitzt, oder

I. in den vormals mahl- und schlachtsteuerpflichtigen Städten und in den mit denselben im Gemindeverbande stehenden klassensteuerpflichtigen Bezirken aus seinem Gewerbe, Vermögen oder aus anderen Quellen ein reines Einkommen bezieht, dessen geringster Satz nicht unter [zweihundert Thaler und nicht über sechshundert Thaler festzusetzen ist] 600 Mark in Städten von weniger als 10000 Einwohnern, 750 Mark in Städten von 10000 bis 50000 Einwohnern und 900 Mark in Städten von mehr als 50000 Einwohnern festzusetzen ist (Gesetz vom 25. Mai 1873 § 9b), oder

II. in den klassensteuerpflichtigen Städten

a) von seinen im Gemeindebezirke gelegenen Grundbesitzungen einen Hauptgrundsteuerbetrag entrichtet, dessen geringster Satz nicht unter zwei und nicht über zehn Thaler festzusetzen ist, oder

b) einkommensteuerpflichtig ist oder

c) einen Klassensteuerbetrag zahlt, dessen geringster Jahressatz nicht unter [vier Thaler] sechs Mark [und nicht über 12 Thaler] zu bestimmen ist. (Gesetz vom 25. Mai 1873 § 9b.)

Die Festsetzung des zur Erlangung des Bürgerrechts erforderlichen Einkommens — ad I — beziehungsweise Betrags der Grund- oder Klassensteuer — ad II — erfolgt mittelst statutarischer Anordnung.

Das Einkommen wird vom Bürgermeister nach pflichtmäßigem Ermessen abgeschätzt.

Steuerzahlungen nnd Einkommen der Ehefrau werden dem Ehemanne, Steuerzahlungen und Einkommen der minderjährigen, beziehungsweise der in väterlicher Gewalt befindlichen Kinder dem Vater angerechnet.

Als selbstständig wird nach vollendetem vierundzwanzigsten Lebensjahre ein Jeder betrachtet, der einen eigenen Hausstand hat, sofern ihm nicht das Verfügungsrecht über sein Vermögen oder dessen Verwaltung durch richterliches Erkenntniß entzogen ist.

Inwiefern über die Erlangung des Bürgerrechts von dem Bürgermeister eine Urkunde — Bürgerbrief — zu ertheilen ist, bleibt den statutarischen Anordnungen vorbehalten.

Nach dem begonnenen Gewerbebetriebe ist der Gewerbetreibende auf Verlangen der Gemeindebehörde nach Ablauf von drei Jahren verpflichtet, das Bürgerrecht zu erwerben. Es darf jedoch in diesem Falle von ihm das sonst vorgeschriebene oder übliche Bürgerrechtsgeld nicht gefordert und ebenso nicht verlangt werden, daß er sein anderweit erworbenes Bürgerrecht aufgebe. (Reichs-Gewerbeordnung vom 21. Juni 1869 — 1. Juli 1883 § 13.)

§ 6.

Verlegt ein stimmberechtigter Einwohner seinen Wohnsitz, so kann ihm das Bürgerrecht in seinem neuen Wohnorte, wenn sonst die Erfordernisse zur Erlangung desselben vorhanden sind, von dem Bürgermeister im Einverständniß mit der Stadtverordnetenversammlung — § 11 — schon vor Ablauf eines Jahres verliehen werden.

Die Stadtverordnetenversammlung ist im Einverständnisse mit dem Bürgermeister befugt, Männern, welche sich um die Stadt verdient gemacht haben, ohne Rücksicht auf die obengedachten besonderen Erfordernisse das Ehrenbürgerrecht zu ertheilen, wodurch keine städtischen Verpflichtungen entstehen.

§ 7.

[Wer in Folge rechtskräftigen Erkenntnisses der bürgerlichen Ehre verlustig geworden — § 12 des Strafsgesetzbuches —, verliert dadurch auch das Bürgerrecht und die Befähigung, dasselbe zu erwerben.] Die Aberkennung der bürgerlichen Ehrenrechte bewirkt den dauernden Verlust der aus öffentlichen Wahlen für den Verurtheilten hervorgegangenen Rechte, ingleichen den dauernden Verlust der öffentlichen Aemter, sowie die Unfähigkeit, während der im Urtheile bestimmten Zeit öffentliche Aemter zu erlangen und das Bürgerrecht zu erwerben. (Strafgesetzbuch für das Deutsche Reich §§ 33 und 34.)

[Wem durch rechtskräftiges Erkenntniß die Ausübung der bürgerlichen Ehrenrechte untersagt ist — § 21 des Strafgesetzbuchs —, der ist bis zum Ablaufe der dafür in dem Erkenntnisse festgesetzten Zeit von der Ausübung des Bürgerrechts ausgeschlossen.] Die Aberkennung der Fähigkeit zur Bekleidung öffentlicher Aemter hat den dauernden Verlust der bekleideten Aemter von Rechtswegen und die Unfähigkeit zur Bekleidung öffentlicher Aemter vom Eintritt der Rechtskraft des Urtheils an während der darin bestimmten Zeit zur Folge. (Strafgesetzbuch für das Deutsche Reich §§ 35 und 36.)

Ist gegen einen Bürger wegen eines Verbrechens [die Versetzung in den Anklagestand] oder wegen eines Vergehens, welches [die Untersagung der Ausübung] die Aberkennung der bürgerlichen Ehrenrechte nach sich ziehen muß oder kann, [die Verweisung an das Strafgericht ausgesprochen] das Hauptverfahren eröffnet oder die Anklage erhoben, oder ist derselbe zur gerichtlichen Haft gebracht, in Concurs oder Zahlungsunfähigkeit verfallen oder in Fallimentszustand erklärt worden, so ruht die Ausübung des ihm zustehenden Bürgerrechts so lange, bis die gerichtliche Untersuchung oder das Concursverfahren beendigt, oder die Rehabilitirung ausgesprochen ist, beziehungsweise die Zahlungsunfähigkeit aufgehört hat. (Deutsche Strafprozeßordnung vom 1. Februar 1877, § 196 ff.)

Das Bürgerrecht geht verloren, sobald eins der zur Erlangung desselben vorgeschriebenen Erfordernisse bei dem bis dahin dazu Berechtigten nicht mehr zutrifft.

Die Stadtverordnetenversammlung beschließt auf Beschwerden und Einsprüche, betreffend

1) den Besitz oder den Verlust des Bürgerrechts,
2) den Besitz oder Verlust des Rechts zur Bekleidung einer den Besitz des Bürgerrechts voraussetzenden Stelle,
3) die Verpflichtung zum Erwerbe oder zur Verleihung des Bürgerrechts,
4) die Zugehörigkeit zu einer bestimmten Bürgerklasse (Zust.-G. § 10).

Der Beschluß der Stadtverordnetenversammlung bedarf keiner Genehmigung oder Bestätigung von Seiten des Gemeindevorstandes oder der Aufsichtsbehörde. Gegen den Beschluß der Stadtverordnetenversammlung findet die Klage im Verwaltungsstreitverfahren statt. Die Klage steht auch dem Gemeindevorstande zu. Sie hat keine aufschiebende Wirkung (Zust.-G. § 11). Die Stadtverordnetenversammlung kann zur Wahrnehmung ihrer Rechte im Verwaltungsstreitverfahren einen besonderen Vertreter bestellen. (Zust.-G. § 21.)

§ 8.

Stadtgemeinden sind Korporationen; denselben steht die Selbstverwaltung ihrer Angelegenheiten nach näherer Vorschrift dieses Gesetzes zu.

§ 9.

Der Bürgermeister und die Stadtverordnetenversammlung haben nach näherer Bestimmung dieses Gesetzes die Stadtgemeinde zu vertreten. Der Bürgermeister ist die Obrigkeit der Stadt und verwaltet die städtischen Gemeinde-Angelegenheiten. — Die Ausnahmen bestimmt Titel VIII. —

§ 10.

Jede Stadt ist befugt, besondere statutarische Anordnungen zu treffen:

1) über solche Angelegenheiten der Stadtgemeinde, sowie über solche Rechte und Pflichten ihrer Mitglieder, hinsichtlich deren das gegenwärtige Gesetz Verschiedenheiten gestattet

oder keine ausdrücklichen Bestimmungen enthält;

2) über sonstige eigenthümliche Verhältnisse und Einrichtungen, insbesondere hinsichtlich der den gewerblichen Genossenschaften bei Eintheilung der stimmfähigen Bürger und bei Bildung der Wahlversammlungen und der städtischen Vertretung zu gewährenden angemessenen Berücksichtigung.

Solche Anordnungen dürfen den bestehenden Gesetzen nicht widersprechen. Zu denselben ist die Genehmigung des [Oberpräsidenten] Bezirksausschusses erforderlich (Zust.-G. § 16, Abs. 3.)

---

## Titel II.

### Von der Zusammensetzung und Wahl der Stadtverordneten-Versammlung.

### § 11.

Die Stadtverordnetenversammlung besteht aus

12 Mitgliedern in Gemeinden von nicht mehr als 2500 Einwohnern,

18 Mitgliedern in Gemeinden von 2501 bis 10000 Einwohnern,

24 Mitgliedern in Gemeinden von 10001 bis 30000 Einwohnern,

30 Mitgliedern in Gemeinden von mehr als 30000 Einwohnern.

Den statutarischen Anordnungen bleiben abweichende Festsetzungen über die Zahl der Stadtverordneten vorbehalten.

§ 12.

Zum Zweck der Wahl der Stadtverordneten werden die stimmfähigen Bürger (§§ 5 bis 7):

a. in den vormals mahl- und schlachtsteuerpflichtigen Städten und in den mit denselben im Gemeindeverbande stehenden klassensteuerpflichtigen Bezirken nach Maßgabe ihres Einkommens (Ges. vom 25. Mai 1873),

b. in den klassensteuerpflichtigen Städten nach Maßgabe der von ihnen zu entrichtenden direkten Staatssteuern (Grund-, Einkommen-, Klassen- und Gewerbesteuer)

in drei Abtheilungen getheilt.

Die erste Abtheilung besteht aus denjenigen, auf welche die höchsten Beträge bis zum Belaufe eines Drittels des Gesammtbetrages des Einkommens, beziehungsweise der Steuern aller stimmfähigen Bürger fallen.

Die übrigen stimmfähigen Bürger bilden die zweite und dritte Abtheilung; die zweite reicht bis zum zweiten Drittel des Einkommens oder der Gesammtsteuer aller stimmfähigen Bürger.

In die erste, beziehungsweise zweite Abtheilung gehört auch derjenige, dessen Einkommens- oder Steuerbetrag nur theilweise in das erste, beziehungsweise zweite Drittel fällt.

Steuern, die für Grundbesitz oder Gewerbebetrieb in einer andern Gemeinde entrichtet werden, sowie die Steuer für die im Umherziehen betriebenen Gewerbe sind bei der Bildung der Abtheilungen nicht anzurechnen.

Die Ehrenbürger — § 6 — gehören zur ersten Abtheilung, es kommt aber deren Einkommen oder Steuer bei der Eintheilung der Abtheilungen nicht in Anrechuung.

Kein Wähler kann zweien Abtheilungen zugleich angehören.

Läßt sich weder nach dem Einkommens- oder Steuerbetrage, noch nach der alphabetischen Ordnung der Namen bestimmen, welcher unter mehreren Wählern zu einer bestimmten Abtheilung zu rechnen ist, so entscheidet das Loos.

Jede Abtheilung wählt ein Drittel der Stadtverordneten, ohne dabei an die Wähler der Abtheilung gebunden zu sein.

§ 13.

Gehören zu einer Abtheilung mehr als fünfhundert Wähler, so kann die Wahl derselben nach dazu gebildeten Wahlbezirken geschehen.

Enthält eine Stadtgemeinde mehrere Ortschaften, so kann dieselbe mit Rücksicht hierauf in Wahlbezirke eingetheilt werden.

Die Anzahl und die Grenzen der Wahlbezirke, sowie die Anzahl der von einem jeden derselben zu wählenden Stadtverordneten werden nach Maßgabe der Zahl der stimmfähigen Bürger von dem Bürgermeister festgesetzt.

§ 14.

Bei Stadtgemeinden, welche mehrere Ortschaften enthalten, kann [die Regierung] der Bezirksausschuß (Zust.-G. § 12) nach Verhältniß der Einwohnerzahl bestimmen, wie viel Mitglieder der Stadtverordnetenversammlung aus jeder einzelnen Ortschaft zu wählen sind.

§ 15.

Die Hälfte der von jeder Abtheilung zu wählenden Stadtverordneten muß aus Hausbesitzern — Eigenthümern, Nießbrauchern und solchen, die ein erbliches Besitzrecht haben — bestehen.

§ 16.

Stadtverordnete können nicht sein:

1) diejenigen Beamten und die Mitglieder derjenigen Behörden, durch welche die Aufsicht des Staats über die Städte ausgeübt wird — § 81 —;
2) die Gemeindebeamten mit Ausnahme der Beigeordneten;
3) die Geistlichen, Kirchendiener und Elementarlehrer;
4) die richterlichen Beamten, zu denen jedoch die Mitglieder der Handelsgerichte und der Gewerbegerichte, sowie die Ergänzungs-Friedensrichter hier nicht zu rechnen sind;
5) die Beamten der Staatsanwaltschaft;
6) die Polizeibeamten.

Vater und Sohn, sowie Brüder, dürfen nicht zugleich Mitglieder der Stadtverordnetenversammlung sein. Sind dergleichen Verwandte zugleich erwählt, so wird der ältere allein zugelassen.

§ 17.

Die Stadtverordneten werden auf sechs Jahre gewählt. Jedoch verliert jede Wahl ihre Wirkung, sobald einer der Fälle eintrift, in denen nach den Bestimmungen in § 7 der Gewählte des Bürgerrechts verlustig geht oder von der Ausübung desselben für eine gewisse Zeit ausgeschlossen wird.

Tritt einer der Fälle ein, in denen nach jenen Bestimmungen die Ausübung des Bürgerrechts ruhen muß, so ist der Gewählte zugleich von der Theilnahme an den Geschäften der Stadverordnetenversammlung einstweilen bis zum Austrage der Sache ausgeschlossen.

Alle zwei Jahre scheidet ein Drittheil der Mitglieder aus und wird durch neue Wahl ersetzt. Die das erste und zweite Mal Ausscheidenden werden für jede Abtheilung durch das Loos bestimmt.

§ 18.

Eine Liste der stimmfähigen Bürger, welche die erforderlichen Eigenschaften derselben nachweist, wird von dem Bürgermeister geführt und alljährlich im Juli berichtigt.

Die Liste wird nach den Wahlabtheilungen und im Falle des § 13 nach den Wahlbezirken eingetheilt.

§ 19.

Vom 1. bis zum 15. Juli schreitet der Bürgermeister zur Berichtigung der Liste,

Vom 15. bis zum 30. Juli wird die Liste in einem oder mehreren zur öffentlichen Kenntniß gebrachten Lokalen in der Stadtgemeinde offen gelegt.

Während dieser Zeit kann jeder Einwohner der Stadtgemeinde gegen die Richtigkeit der Liste bei dem Bürgermeister [Einwendungen] Einsprüche erheben. (Zust.-G. § 10, Abs. 2.)

Die Stadtverordnetenversammlung hat darüber bis zum 15. August zu beschließen.

[Ist der Bürgermeister mit dem Beschluß nicht einverstanden und ist in Folge dessen nach Maßgabe des § 53 Nr. 2 über die Einwendungen von der Regierung entschieden, so findet eine Berufung an letztern von Seiten desjenigen, welcher die Einwendungen erhoben hat, nicht weiter statt; in allen anderen Fällen steht demselben innerhalb zehn Tagen nach Mittheilung des Beschlusses der Stadtverordnetenversammlung der Rekurs an die Regierung zu, welche binnen vier Wochen ohne Zulassung einer weiteren Berufung entscheidet]. Der Beschluß der Stadtverordnetenversammlung bedarf keiner Zustimmung des Bürgermeisters. Gegen den Beschluß der Stadtverordnetenversammlung findet die Klage im Verwaltungsstreitverfahren beim Bezirksausschusse binnen zwei Wochen statt. Die Klage steht auch dem Bürgermeister zu. Sie hat keine aufschiebende Wirkung. Die Stadtverordnetenversammlung kann zur Wahrnehmung ihrer Rechte im Verwaltungsstreitverfahren einen besonderen Vertreter bestellen. (Zust.-G. §§ 11 u. 21, Abs. 2.)

Soll der Name eines einmal in die Liste aufgenommenen Einwohners wieder ausgestrichen werden, so ist ihm dieses acht Tage vorher von dem Bürgermeister unter Angabe der Gründe mitzutheilen. Die Stadtverordneten-versammlung beschließt über die Richtigkeit der Gemeindewählerliste. (Zust.-G. § 10 sub 1.)

§ 20.

Die Wahlen zur regelmäßigen Ergänzung der Stadtverordnetensammlung finden alle zwei Jahre im November statt. Die Wahlen der dritten Abtheilung erfolgen zuerst, die der ersten zuletzt.

Außergewöhnliche Wahlen zum Ersatze innerhalb der Wahlperiode ausgeschiedener Mitglieder müssen angeordnet werden, wenn die Stadtverordnetenversammlung oder der Bürgermeister oder [die Regierung] der Bezirksausschuß (Zust.-G. § 12) es für erforderlich erachten.

Der Ersatzmann bleibt nur bis zum Ende derjenigen Wahlperiode in Thätigkeit, auf welche der Ausgeschiedene gewählt war.

Alle Ergänzungs- oder Ersatzwahlen werden von denselben Abtheilungen und Wahlbezirken — § 13 — vorgenommen, von denen der Ausgeschiedene gewählt war. Ist die Zahl der zu wählenden Stadtverordneten nicht durch drei theilbar, so ist, wenn nur Einer übrig bleibt, dieser von der zweiten Abtheilung zu wählen. Bleiben zwei übrig, so wählt die erste Abtheilung den einen und die dritte den andern.

§ 21.

Der Bürgermeister hat jederzeit die nöthigen Bestimmungen zur Ergänzung der erforderlichen Anzahl von Hausbesitzern — § 15 — zu treffen.

Ist die Zahl der Hausbesitzer, welche zu wählen sind, nicht durch die Zahl der Wahlbezirke theilbar, so wird die Vertheilung auf die einzelnen Wahlbezirke durch das Loos bestimmt.

Mit dieser Beschränkung können die ausgeschiedenen Stadtverordneten jederzeit wieder gewählt werden.

§ 22.

Vierzehn Tage vor der Wahl werden die in der Liste — §§ 18 und 19 — verzeichneten Wähler durch den Bürgermeister zu den Wahlen mittelst schriftlicher Einladung oder ortsüblicher Bekanntmachung berufen.

Die Einladung oder Bekanntmchung muß das Lokal, die Tage und die Stunden, in welchen die Stimmen bei dem Wahlvorstande abzugeben sind, genau bestimmen.

§ 23.

Der Wahlvorstand besteht in jedem Wahlbezirke aus dem Bürgermeister oder einem von diesem ernannten Stellvertreter als Vorsitzenden und aus zwei von der Stadtverordnetenversammlung gewählten Beisitzern. Für jeden Beisitzer wird von der Stadtverordnetenversammlung ein Stellvertreter gewählt.

§ 24.

Jeder Wähler muß dem Wahlvorstande mündlich und vernehmlich zu Protokoll erklären, wem er seine Stimme geben will. Er hat so viele Personen zu bezeichnen, als zu wählen sind.

§ 25.

Gewählt sind diejenigen, welche bei der ersten Abstimmung die meisten Stimmen und zugleich die absolute Stimmenmehrheit (mehr als die Hälfte der Stimmen) erhalten haben.

Wenn sich bei der ersten Abstimmung nicht für so viele Personen, als zu wählen sind, die absolute Stimmenmehrheit ergeben hat, so wird zu einer zweiten Wahl geschritten.

Der Wahlvorstand stellt die Namen derjenigen Personen, welche nächst den Gewählten die meisten Stimmen erhalten haben, so weit zusammen, daß die doppelte Zahl der noch zu wählenden Mitglieder erreicht wird.

Diese Zusammenstellung gilt alsdann als die Liste der Wählbaren.

Zu der zweiten Wahl werden die Wähler durch eine das Ergebniß der ersten Wahl angebende Bekanntmachung des Wahlvorstandes sofort oder spätestens innerhalb acht Tagen aufgefordert. Bei der zweiten Wahl ist die absolute Stimmenmehrheit nicht erforderlich.

Unter denjenigen, die eine gleiche Anzahl von Stimmen erhalten haben, giebt das Loos den Ausschlag. Wer in mehreren Abtheilungen oder Bezirken gewählt ist, hat zu erklären, welche Wahl er annehmen will.

§ 26.

Die Wahlprotokolle sind von dem Wahlvorstande zu unterzeichnen und vom Bürgermeister aufzubewahren. Der Bürgermeister hat das Ergebniß der vollendeten Wahlen sofort bekannt zu machen.

Gegen das stattgehabte Wahlverfahren, gegen die Gültigkeit der Wahlen, kann von jedem stimmfähigen Bürger innerhalb [zehn Tagen nach der Bekanntmachung bei der Aufsichtsbehörde Beschwerde erhoben werden] zwei Wochen nach Bekanntmachung des Wahlergebnisses bei dem Bürgermeister Einspruch erhoben werden. (Zust.-G., § 10.)

Die Stadtverordnetenversammlung beschließt über die Gültigkeit der Wahlen (Zust.-G., § 10). Der Beschluß bedarf keiner Genehmigung oder Bestätigung von Seiten des Bürgermeisters oder der Aufsichtsbehörde. Gegen den Beschluß findet die Klage im Verwaltungsstreitverfahren binnen zwei Wochen bei dem Bezirksausschusse statt (Zust.-G., § 11 und § 21). Die Klage steht auch dem Bürgermeister zu. Sie hat keine aufschiebende Wirkung; jedoch dürfen Ersatzwahlen vor eingegangener rechtskräftiger Entscheidung nicht vorgenommen werden (Zust.-G., § 11.) Die Stadtverordnetenversammlung kann zur Wahrnehmung ihrer Rechte im Verwaltungsstreitverfahren einen besonderen Vertreter bestellen (Zust. - G. § 21).

[Bei erheblichen Unregelmäßigkeiten hat die Aufsichtsbehörde die Wahlen auf erfolgte Beschwerde oder von Amtswegen innerhalb zwanzig Tagen nach der Bekanntmachung durch eine motivirte Entscheidung für ungültig zu erklären.]

## § 27.

Die bei der regelmäßigen Ergänzung neu gewählten Stadtverordneten treten mit dem Anfang des nächstfolgenden Jahres ihre Verrichtungen an; die Ausscheidenden bleiben bis zur Einführung der Gewählten in Thätigkeit.

Der Bürgermeister hat die Einführung der Gewählten und deren Verpflichtung durch Handschlag an Eidesstatt zu bewirken.

## Titel III.

### Von der Wahl des Bürgermeisters und der Beigeordneten (Magistratspersonen).

§ 28.

Neben dem Bürgermeister sind zwei oder, wo es das Bedürfniß erfordert, mehrere Beigeordnete zu wählen. Die Beigeordneten sind bestimmt, einzelne Amtsgeschäfte welche der Bürgermeister ihnen aufträgt, zu besorgen, und diesen in Verhinderungsfällen und während der Erledigung des Amts nach der mit Genehmigung [der Regierung] des Regierungspräsidenten (Zust.-G. § 7) von der Stadtverordnetenversammlung festzusetzenden Reihenfolge zu vertreten.

§ 29.

Magistratspersonen (Bürgermeister und Beigeordnete) können nicht sein:

1) diejenigen Beamten und die Mitglieder derjenigen Behörden, durch welche die Aufsicht des Staates über die Städte ausgeübt wird — § 81 —;

2) die Gemeinde-Unterbeamten;
3) Geistliche, Kirchendiener und Lehrer an öffentlichen Schulen;
4) die richterlichen Beamten, zu denen jedoch die Mitglieder der Handelsgerichte und der Gewerbegerichte, sowie die Ergänzungs-Friedensrichter hier nicht zu rechnen sind;
5) die Beamten der Staatsanwaltschaft;
6) die Polizeibeamten.

Vater und Sohn, Schwiegervater und Schwiegersohn, Brüder und Schwäger dürfen nicht zugleich Magistratspersonen sein.

Entsteht die Schwägerschaft im Laufe der Wahlperiode, so scheidet dasjenige Mitglied aus, durch welches das Hinderniß herbeigeführt worden ist.

Vater und Sohn, Schwiegervater und Schwiegersohn, sowie Brüder dürfen nicht zugleich Magistratspersonen und Mitglieder der Stadtverordnetenversammlung sein.

Personen, welche die in dem Gesetze vom 7. Februar 1835 — Gesetz-Sammlung S. 18 — bezeichnete Gewerbe betreiben,. können nicht Bürgermeister sein.

## § 30.

Der Bürgermeister wird auf zwölf Jahre, die Beigeordneten dagen werden auf sechs Jahre von der Stadtverordnetenversammlung gewählt.

Auch können Beigeordnete durch Beschluß der Stadtverordnetenversammlung mit Besoldung angestellt werden. Ihre Wahl erfolgt in diesem Falle auf zwölf Jahre.

Die Wahl des Bürgermeisters und der besoldeten Beigeordneten kann auch auf Lebenszeit erfolgen.

§ 31.

Für jede zu wählende Magistratsperson wird besonders abgestimmt; die Wahl erfolgt durch Stimmzettel. Wird die absolute Stimmenmehrheit bei der ersten Abstimmung nicht erreicht, so werden diejenigen vier Personen, auf welche die meisten Stimmen gefallen sind, auf eine engere Wahl gebracht. Wird auch hierdurch die absolute Stimmenmehrheit nicht erreicht, so findet unter denjenigen zwei Personen, welche bei der zweiten Abstimmung die meisten Stimmen erhalten haben, eine engere Wahl statt. Bei Stimmengleichheit entscheidet das Loos.

§ 32.

Die gewählten Bürgermeister und Beigeordneten bedürfen der Bestätigung. Die Bestätigung steht zu:

1) dem Könige in Städten von mehr als 10 000 Einwohnern;

2) [der Regierung] dem Regierungspräsidenten (Zust.-G. § 13 Abs. 1) in Städten, welche nicht über 10 000 Einwohner haben.

Die Bestätigung kann von dem Regierungspräsidenten nur unter Zustimmung des Bezirksausschusses versagt werden. Lehnt der Bezirksausschuß die Zustimmung ab, so kann dieselbe auf den Antrag des Regierungspräsidenten durch den Minister des Innern ergänzt werden. (Zust.-G. § 13, Abs. 2.)

Wird die Bestätigung vom Regierungspräsidenten unter Zustimmung des Bezirksausschusses versagt, so kann dieselbe auf Antrag des Bürgermeisters oder der Stadtverordnetenversammlung von dem Minister des Innern ertheilt werden. (Zust.-G. § 13, Abs. 3.)

Wird die Bestätigung versagt, so schreitet die Stadtverordnetenversammlung zu einer neuen Wahl. Wird auch diese Wahl nicht bestätigt, so steht dem Könige, beziehungsweise der Regierung| dem Regierungspräsidenten (Zust.-G. § 7) die Ernennung auf höchstens zwölf Jahre zu.

Dasselbe findet statt, wenn die Stadtverordneten die Wahl verweigern oder den nach der ersten Wahl nicht Bestätigten wieder erwählen sollten.

§ 33.

Die Beigeordneten werden vor ihrem Amtsantritte durch den Bürgermeister in öffentlicher Sitzung der Stadtverordnetenversammlung in Eid und Pflicht genommen; der Bürgermeister wird vom Regierungspräsidenten oder einem von diesem zu ernennenden Kommissar in öffentlicher Sitzung der Stadtverordnetenversammlung vereidet.

## Titel IV.

### Von den Geschäften der Stadtverordnetenversammlung.

§ 34.

Die Stadtverordnetenversammlung beschließt:

1) auf Beschwerden und Einsprüche, betreffend den Besitz oder den Verlust des Bürgerrechts, insbesondere des Rechts zur Theilnahme an den Wahlen zur Gemeindevertretung, sowie des Rechts zur Bekleidung einer den Besitz des Bürgerrechts voraussetzenden Stelle in der Gemeindeverwaltung oder Gemeinde-

vertretung, die Verpflichtung zum Erwerbe oder zur Verleihung des Bürgerrechts, beziehungsweise zur Zahlung von Bürgergewinngeldern — Ausfertigungsgebühren — und zur Leistung des Bürgereides, die Zugehörigkeit zu einer bestimmten Bürgerklasse, die Richtigkeit der Gemeindewählerliste;

2) über die Gültigkeit der Wahlen zur Gemeindevertretung;

3) über die Berechtigung zur Ablehnung oder Niederlegung von Aemtern und Stellen in der Gemeindeverwaltung oder Vertretung, über die Nachtheile, welche gegen Mitglieder der Stadtgemeinde wegen Nichterfüllung der ihnen nach den Gemeindeverfassungsgesetzen obliegenden Pflichten, sowie über die Strafen, welche gegen Mitglieder der Stadtverordnetenversammlung wegen Zuwiderhandlungen gegen die Geschäftsordnung nach Maßgabe der Gemeindeverfassungsgesetze zu verhängen sind. (Zust.-G. § 10.)

Der Beschluß der Stadtverordnetenversammlung bedarf keiner Genehmigung oder Bestätigung von Seiten des Bürgermeisters oder der Aufsichtsbehörde. Gegen den Beschluß der Stadtverordnetenversammlung findet die Klage im Verwaltungsstreitverfahren bei dem Bezirksausschusse binnen zwei Wochen statt. Die Klage steht in den vorberegten Fällen auch dem Bürgermeister zu. Die Stadtverordnetenversammlung kann zur Wahrnehmung ihrer Rechte im Verwaltungsstreitverfahren einen besonderen Vertreter bestellen. (Zust.-G. § 21, Abs. 2).

Die Klage hat in den Fällen unter 1 und 2 keine aufschiebende Wirkung; jedoch dürfen Ersatzwahlen vor ergangener rechtskräftiger Entscheidung nicht vorgenommen werden. (Zust.-G. § 11, Abs. 2.)

Die Stadtverordnetenversammlung hat im Uebrigen über alle Gemeindeangelegenheiten zu beschließen, soweit dieselben nicht ausschließlich dem Bürgermeister überwiesen sind. Sie giebt ihr Gutachten über alle Gegenstände ab, welche ihr zu diesem Zwecke durch die Aufsichtsbehörden vorgelegt werden. Ueber andere als Gemeindeangelegenheiten darf die Stadtverordnetenversammlung nur dann berathen, wenn solche durch besondere gesetzliche Vorschriften oder in einzelnen Fällen durch Aufträge der Aufsichtsbehörde an sie gewiesen sind.

Die Stadtverordneten sind an keinerlei Instruktionen oder Aufträge der Wähler oder der Wahlbezirke gebunden.

§ 35.

Die Stadtverordnetenversammlung darf ihre Beschlüsse in keinem Falle selbst ausführen. Sie kontrolirt die Verwaltung und ist daher berechtigt, sich von der Ausführung ihrer Beschlüsse und der Verwendung aller Gemeindeeinnahmen Ueberzeugung zu verschaffen. Sie kann zu diesem Zwecke die Akten einsehen und Ausschüsse aus ihrer Mitte ernennen, zu denen der Bürgermeister, wenn er nicht selbst hinzutreten will, einen Beigeordneten abzuordnen befugt ist.

§ 36.

Die Beschlüsse der Stadtverordnetenversammlung werden nach Stimmenmehrheit gefaßt.

Den Vorsitz in der Stadtverordnetenversammlung führt der Bürgermeister, und bei dessen Verhinderung der stellvertretende Beigeordnete, mit vollem Stimmrechte und bei Stimmengleichheit mit entscheidender Stimme.

Wer in der Stadtverordnetenversammlung nicht mitstimmt, wird zwar als anwesend betrachtet, die Stimmenmehrheit wird aber lediglich nach der Zahl der Stimmenden festgestellt.

§ 37.

Die Stadtverordneten versammeln sich, so oft es die Geschäfte erfordern. Die Zusammenberufung derselben geschieht durch den Vorsitzenden; sie muß erfolgen, sobald es von einem Viertel der Mitglieder verlangt wird.

§ 38.

Die Art und Weise der Zusammenberufung wird ein- für allemal von der Stadtverordnetenversammlung festgestellt.

Die Zusammenberufung erfolgt unter Angabe der Gegenstände der Verhandlung; mit Ausnahme dringender Fälle muß dieselbe wenigstens zwei freie Tage vorher statthaben.

§ 39.

Durch Beschluß der Stadtverordnetenversammlung können auch regelmäßige Sitzungstage festgesetzt, es müssen jedoch auch dann die Gegenstände der Verhandlung, mit Ausnahme dringender Fälle, mindestens zwei freie Tage vorher den Stadtverordneten angezeigt werden.

§ 40.

Die Stadtverordnetenversammlung kann nur beschließen, wenn mehr als die Hälfte der Mitglieder zugegen ist. Eine Ausnahme hiervon findet statt, wenn die Stadtverordneten, zum zweiten Male zur Verhandlung über denselben Gegenstand zusammenberufen, dennoch nicht in genügender Anzahl erschienen sind. Bei der zweiten Zusammenberufung muß auf diese Bestimmung ausdrücklich hingewiesen werden.

§ 41.

An Verhandlungen über Rechte und Verpflichtungen der Stadtgemeinde darf derjenige nicht Theil nehmen, dessen Interesse mit dem der Gemeinde im Widerspruch steht. Kann wegen dieser Ausschließung eine beschlußfähige Versammlung nicht gehalten werden, so hat der Bürgermeister, oder, wenn auch dieser aus dem vorgedachten Grunde an dem Beschluß Theil zu nehmen nicht befugt ist, [die Regierung] der Bezirksausschuß (Zust.-G. § 17 sub 2) für die Wahrung des Gemeinde-Interesses zu sorgen und nöthigenfalls einen besonderen Vertreter für die Stadtgemeinde zu bestellen.

Sollte ein Prozeß der Stadtgemeinde gegen Magistratspersonen aus Veranlassung ihrer Amtsführung nothwendig werden, so hat [die Regierung] der Regierungspräsident (Zust.-G. § 7) auf Antrag der Stadtverordnetenversammlung einen Vertreter der Gemeinde zur Führung des Prozesses zu bezeichnen; jeder

Vertreter hat den von der Stadtverordnetenversammlung vorgeschlagenen Anwalt zu bestellen.

§ 42.

Die Sitzungen der Stadtverordneten sind öffentlich. Für einzelne Gegenstände kann durch besonderen Beschluß, welcher in geheimer Sitzung gefaßt wird, die Oeffentlichkeit ausgeschlossen werden. Die Sitzungen dürfen nicht in Wirthshäusern oder Schenken gehalten werden.

§ 43.

Der Vorsitzende leitet die Verhandlungen, eröffnet und schließt die Sitzungen und handhabt die Ordnung in der Versammlung. Er kann jeden Zuhörer aus dem Sitzungszimmer entfernen lassen, welcher öffentliche Zeichen des Beifalls oder des Mißfallens giebt, oder Unruhe irgend einer Art verursacht.

§ 44.

Die Beschlüsse der Stadtverordnetenversammlung sind mit Anführung der dabei gegenwärtig gewesenen Mitglieder in ein besonderes Buch einzutragen, und sowohl von dem Vorsitzenden als von wenigstens drei Mitgliedern zu unterschreiben.

Der Stadtverordnetenversammlung bleibt überlassen, eine Geschäftsordnung abzufassen, und darin Zuwiderhandlungen der Mitglieder gegen die zur Aufrechterhaltung der Ordnung gegebenen Vorschriften mit Strafen zu belegen; die Strafen können nur in Geldbußen bis zu fünf Thalern und bei mehrmals wiederholten Zuwiderhandlungen in der auf eine gewisse Zeit oder für die Dauer der Wahlperiode zu verhängenden Ausschließung bestehen. **[Ist der Bürgermeister mit den Beschlüssen über diesen Gegenstand nicht einverstanden; so tritt das in § 53 Nr. 2 vorgeschriebene Verfahren ein].** Die Stadtverordnetenversammlung beschließt über die Strafen, welche gegen Mitglieder derselben wegen Zuwiderhandlungen gegen die Geschäftsordnung nach Maßgabe der Gemeindeverfassungs-Gesetze zu verhängen sind. (Zust.-Ges. § 10.)

Der Beschluß der Stadtverordnetenversammlung bedarf keiner Genehmigung oder Bestätigung von Seiten des Bürgermeisters oder der Aufsichtsbehörde. Gegen den Beschluß der Stadtverordnetenversammlung findet die Klage im Verwaltungsstreitverfahren beim Bezirksausschusse binnen zwei Wochen statt. Die Klage steht auch dem Bürgermeister zu. Die Stadtverodnetenversamlung kann zur Wahrnehmung ihrer Rechte im Verwaltungsstreitverfahren einen besonderen Vertreter bestellen. (Zust.-G. § 11 und § 21.)

§ 45.

Die Stadtverordnetenversammlung beschließt über die Benutzung des Gemeindevermögens; die Deklaration vom 26. Juli 1847 — Gesetzsammlung S. 327 — bleibt für die betreffenden Landestheile maßgebend.

[Streitigkeiten über die Theilnahme an den Gemeindenutzungen werden, soweit sie nicht auf einen speziellen Rechtstitel sich gründen, im Verwaltungswege durch die Aufsichtsbehörde entschieden.] Der Gemeindevorstand beschließt auf Beschwerden und Einsprüche, betreffend das Recht zur Theilnabme an den Nutzungen und Erträgen des Gemeindevermögens. Gegen den Beschluß findet die Klage im Verwaltungsstreitverfahren binnen zwei Wochen bei dem Bezirksausschusse statt.

Der Entscheidung im Verwaltungsstreitverfahren unterliegen dergleichen Steitigkeiten zwischen Betheiligten über ihre in dem öffentlichen Rechte begründete Berechtigung oder Verpflichtung zu den bezeichneten Nutzungen. Die Beschwerden und die Einsprüche, sowie die Klage haben keine aufschiebende Wirkung. (Zust.-G. § 18.)

Ueber das Vermögen, welches nicht der Gemeindekorporation in ihrer Gesammtheit gehört, kann die Stadtverordnetenversammlung nur insofern beschließen, als sie dazu durch den Willen der Betheiligten oder durch sonstige Rechtstitel berufen ist.

Auf das Vermögen der Korporationen und Stiftungen, sowie auf dasjenige, welches einzelnen Klassen von Einwohnern angehört, haben die Mitglieder der Gemeinde als solche keinen Anspruch.

In Ansehung der Verwaltung und Verwendung des Vermögens der Stiftungen bewendet es bei den stiftungsmäßigen Bestimmungen.

## § 46.

Die Genehmigung [der Regierung] des Bezirksausschusses ad 1, 3—6, beziehungsweise des Regierungspräsidenten ad 2 (Zust.-G., § 16), ist erforderlich:

1) zur Veräußerung von Grundstücken und Immobiliarrechten;
2) zur Veräußerung oder wesentlichen Veränderung von Sachen, welche einen besonderen wissenschaftlichen, historischen oder Kunstwerk haben, namentlich von Archiven oder Theilen derselben (Zust.-G., § 16);
3) zu Anleihen, durch welche die Gemeinde mit einem Schuldenbestande belastet, oder der bereits vorhandene vergrößert wird;

4) zu Veränderungen in dem Genusse von Gemeindenutzungen — Wald, Weide, Haide, Torfstich und dergleichen —;
5) zur Anstellung von Prozessen über Berechtigungen der Stadtgemeinde, oder über die Substanz des Gemeindevermögens, oder zu Vergleichen über Gegenstände dieser Art;
6) zu einseitigen Verzichtleistungen und zu Schenkungen Seitens der Stadtgemeinde.

Zu Prozessen gegen den Fiskus und zu Regreßklagen gegen Mitglieder der Staatsbehörden ist eine Genehmigung [der Regierung] des Bezirksausschusses bezw. des Regierungspräsidenten nicht erforderlich.

Hinsichtlich der Verwaltung der Gemeindewaldungen bewendet es bei den bestehenden Bestimmungen. (Zust.-G. § 16, Abs. 2.)

## § 47.

Die freiwillige Veräußerung von Grundstücken rc. — § 46, Nr. 1 — darf nur im Wege der Lizitation auf Grund einer Taxe stattfinden.

Zur Gültigkeit der Lizitation gehört:

1) eine öffentlich auszuhängende Ankündigung und ortsübliche Bekanntmachung;
2) einmalige Bekanntmachung durch das Amtsblatt der Regierung oder durch ein im Kreise erscheinendes Blatt;

3) eine Frist von sechs Wochen von der Bekanntmachung bis zum Lizitationstermine, und

4) Abhaltung dieses Termins durch eine Justiz- oder Magistratsperson.

Bei Veräußerung von Grundstücken, welche nicht mit Gebäuden besetzt sind, kann ein beglaubigter Auszug aus dem Grundsteuerkataster die Stelle der Taxe vertreten, und, wenn der Katastral-Reinertrag solcher Grundstücke zwei Thaler nicht übersteigt, die unter 2 erwähnte Bekanntmachung unterbleiben.

Das Ergebniß der Lizitation ist der Stadtverordnetenversammlung mitzutheilen und kann nur mit deren Genehmigung der Zuschlag ertheilt werden.

In besonderen Fällen kann [die Regierung] der Bezirksausschuß (Zust.-G., § 16, Abs. 3) auch den Verkauf aus freier Hand, sowie einen Tausch gestatten, sobald [sie] er sich überzeugt, daß der Vortheil der Gemeinde dadurch gefördert wird.

Zum Nachweise, daß die Vorschrift dieses Paragraphen erfüllt worden, genügt die Bestätigung des Vertrages durch [die Regierung] den Bezirksausschuß. (Zust.-G., § 16, Abs. 3.)

Verpachtungen von Grundstücken und Gerechtsamen der Stadtgemeinden müssen öffentlich an den Meistbietenden geschehen; Ausnahmen hiervon sind nur mit Genehmigung [der Aufsichtsbehörde] des Bezirksausschusses gestattet. (Zust.-G., § 16, Abs. 3.)

§ 48.

[Durch Beschluß der Stadtverordnetenversammlung kann die Erhebung eines Einzugsgeldes angeordnet und von dessen Entrichtung die Niederlassung in der Gemeinde — § 4 des Gesetzes vom 31. December 1842 Nr. 2317 — abhängig gemacht werden.] Die Gemeinde ist nicht befugt, von neu Anziehenden wegen des Anzugs eine Abgabe zu erheben. (Gesetz über die Freizügigkeit vom 1. Nov. 1867 § 8.)

[Außerdem] Dagegen kann von Allen, sowohl von den Neuanziehenden, als von denen, welche der Gemeinde bereits angehörig sind, bei der Begründung eines selbstständigen Hausstandes eine Abgabe — Eintritts- oder Hausstandsgeld — gefordert, und von deren Entrichtung die Theilnahme an dem Bürgerrechte — § 5 — abhängig gemacht werden.

Die Theilnahme an den Gemeindenutzungen — § 46 Nr. 4 — kann außerdem von der Entrichtung einer jährlichen Abgabe und anstatt oder neben derselben von Entrichtung eines Einkaufsgeldes abhängig gemacht werden, durch deren Entrichtung aber die Ausübung des Bürgerrechts niemals bedingt wird.

Alle derartigen Beschlüsse bedürfen der Genehmigung [der Regierung] des Bezirksausschusses. (Zust.-G. § 16, Absatz 3.)

Beamte und Geistliche, welchen in Folge dienstlicher Verpflichtung ihr Aufenthalt im Stadtbezirke angewiesen ist, sind zur Entrichtung [des Einzugsgeldes und] des Hausstandsgeldes nicht verbunden.

Die mit dem Besitze einzelner Grundstücke verbundenen oder auf sonstigen besonderen Rechtstiteln beruhenden Nutzungsrechte sind den Bestimmungen dieses Paragraphen nicht unterworfen.

§ 49.

Soweit die Einnahmen aus dem städtischen Vermögen nicht hinreichen, um die durch das Bedürfniß oder die Verpflichtungen der Gemeinde erforderlichen Geldmittel zu beschaffen, können die Stadtverordneten die Aufbringung von Gemeindesteuern beschließen. Diese können bestehen:

I. in Zuschlägen zu den Staatssteuern, wobei folgende Bestimmungen gelten:

1) die Steuer für den Gewerbebetrieb im Umherziehen darf nicht belastet werden;

2) bei Zuschlägen zur Klassen- und klassifizirten Einkommensteuer muß derjenige Theil des besteuerten Gesammteinkommens, welcher aus außerhalb der Gemeinde belegenem Grundeigenthum oder aus außerhalb be-

legenen gewerblichen Anlagen fließt und in der Gemeinde, wo das Grundeigenthum oder die gewerblichen Anlagen liegen, einer besonderen Gemeindebesteuerung nach dem Einkommen unterworfen ist, bis auf Höhe dieses Steuerbetrages von den Zuschlägen in der Gemeinde des Wohnorts freigelassen werden.

[Erreicht der hiernach freizulassende Steuerbetrag eine Höhe, welche den in der Gemeinde des Wohnorts zu erhebenden Steuerzuschlägen gleichkommt oder dieselben übersteigt, so dürfen in dem letzteren Zuschläge nur von demjenigen Theile der Hauptsteuer erhoben werden, welcher auf das von der anderweiten Gemeindebesteuerung befreite Einkommen fällt.] Die Gemeinde, in welcher der Abgabepflichtige seinen Wohnsitz hat, ist jedoch, wenn das in ihr steuerpflichtige Einkommen weniger als ein Viertheil des Gesammteinkommens beträgt, berechtigt, durch Gemeindebeschluß ein volles Viertheil des Gesammteinkommens unter entsprechender Verkürzung des der Forensalgemeinde zur Besteuerung zufallenden Einkommentheils für sich in Anspruch zu nehmen. Hat der Abgabepflichtige einen mehrfachen Wohnsitz, so ist diese Quote nach Maßgabe des § 11 des Gesetzes vom 27. Juli 1885 zu vertheilen. (Gesetz vom 27. Juli 1885 § 9, Abs. 2.)

3) Die Genehmigung [der Regierung] des Bezirksausschusses (Zust.-G. § 16, Abs. 3) ist erforderlich:

a. für Zuschläge zu den direkten Steuern, wenn der Zuschlag entweder fünfzig Prozent der Staatssteuern übersteigen, oder nicht nach gleichen Sätzen auf diese Steuern vertheilt werden soll. Zur Freilassung oder geringeren Belastung der Gewerbesteuer, sowie der letzten Klassensteuerstufe, bedarf es dieser Genehmigung nicht;

b. für Zuschläge zu den indirekten Steuern;

II. in besonderen direkten oder indirekten Gemeindesteuern, welche der Genehmigung [der Regierung] des Bezirksausschusses (Zust.-G. § 16, Abs. 3) bedürfen, wenn sie neu eingeführt, erhöht, oder in ihren Grundsätzen verändert werden sollen.

Bei besonderen Kommunal-Einkommensteuern ist jedenfalls die sub I. 2 erwähnte Beschränkung maßgebend. Die bestehenden direkten Kommunal-Einkommensteuern werden einer erneuten Prüfung und Genehmigung der Regiernng unterworfen.

Gegen Uebertretungen der über die Erhebung von Kommunalsteuern zu erlassenden, von [der Regierung] dem Bezirksausschusse (Zust.-G. § 16, Abs. 3) zu genehmigenden Regulative können durch besondere Verordnung Strafen bis auf Höhe von 30 Mark vorgesehen werden.

Soweit es sich um die Aufbringung der Gemeindeabgaben und Dienste handelt, steht aus Gründen des öffentlichen Interesses gegen den auf Beschwerde ergehenden Beschluß des Provinzialraths dem Vorsitzenden des letzteren die Einlegung der weiteren Beschwerde an die Minister des Innern und der Finanzen zu. Hierbei finden die Bestimmungen des § 123 des Gesetzes über die allgemeine Landesverwaltung vom 30. Juli 1883 Anwendung.

Die Bestätigung (Genehmigung) von Gemeindebeschlüssen, durch welche besondere direkte oder indirekte Gemeindesteuern neu eingeführt oder in ihren Grundsätzen verändert werden, bedarf der Zustimmung der Minister des Innern und der Finanzen. (Zust.-G. § 16, Abs. 4 und 5.)

§ 50.

Die Gemeinde kann durch Beschluß der Stadtverordneten zur Leistung von Diensten

— Hand- und Spanndiensten — behufs Ausführung von Gemeindearbeiten verpflichtet werden; die Dienste werden in Geld abgeschätzt, die Vertheilung geschieht nach dem Maaßstabe der Gemeindeabgaben oder in deren Ermangelung nach dem Maaßstabe der direkten Steuern. — Abweichungen von dieser Vertheilungsart bedürfen der Genehmigung [der Regierung] des Bezirksausschusses. (Zust.-G. § 16, Abs. 3.) Die Dienste können, mit Ausnahme von Nothfällen, durch taugliche Stellvertreter abgeleistet oder nach der Abschätzung an die Gemeindekasse bezahlt werden.

§ 51.

Bei Verwaltung der Gemeindewaldungen, hinsichtlich deren es bei den bestehenden Bestimmungen bewendet (Zust.-G., § 16, Abs. 2), sind die Verordnung vom 24. Dezember 1816 und die in Gemäßheit derselben erlassenen Reglements zu beachten.

§ 52.

Der Gemeinde-Einnehmer wird von der Stadtverordnetenversammlung gewählt, welche auch die von demselben, sowie von anderen Gemeindebeamten zu leistenden Kautionen zu bestimmen hat.

Die Wahl, sowie die Bestimmung der Kaution des Gemeinde-Einnehmers bedarf der

Genehmigung [der Aufsichtsbehörde] des Bezirksausschusses (Zust.-G., § 16, Abs. 3.)

## Titel V.

### Von den Geschäften des Bürgermeisters.

§ 53.

Der Bürgermeister hat als Ortsobrigkeit und Gemeindeverwaltungsbehörde insbesondere folgende Geschäfte:

1) Die Gesetze und Verordnungen, sowie die Verfügungen der ihm vorgesetzten Behörden auszuführen und den ganzen Geschäftsgang bei der städtischen Verwaltung zu leiten und zu beaufsichtigen;
2) die Beschlüsse der Stadtverordnetenversammlung vorzubereiten und, sofern er dieselben nicht förmlich beanstandet, zur Ausführung zu bringen.

Wenn von der Stadtverordnetenversammlung ein Beschluß gefaßt ist, welcher deren Befugnisse überschreitet, gesetz- oder rechtswidrig ist, das Staatswohl oder das Gemeinde-Interesse verletzt, so ist der Bürgermeister verpflichtet, die Ausführung des Beschlusses der Stadtverordnetenversammlung zu beanstanden, und wenn diese bei nochmaliger Berathung bei ihrem Beschlusse beharrt, [die Entscheidung der Aufsichtsbehörde einzuholen] auf Entscheidung des Bezirksausschusses anzutragen. Der Bezirksausschuß beschließt, wenn die Angelegenheit nicht auf sich beruhen bleiben kann. (Zust.-G. § 17, sub 1.) Dasselbe gilt für den Fall, wenn der Bürgermeister die Ernennung des gewählten Einnehmers — § 52 — beanstanden zu müssen glaubt;

3) die städtischen Gemeindeanstalten zu verwalten, und diejenigen, für welche besondere Verwaltungen eingesetzt sind, zu beaufsichtigen;

4) die Einkünfte der Stadtgemeinde zu verwalten, die auf dem Etat oder besondern Beschlüssen der Stadtverordnetenversammlung beruhenden Einnahmen und Ausgaben anzuweisen und das Rechnungs- und Kassenwesen zu überwachen. Von jeder regelmäßigen Kassenrevision ist den Stadtverordneten Kenntniß zu geben, damit sie ein Mitglied oder mehrere abordnen können, um diesem Geschäfte beizuwohnen. Bei außerordentlichen Kassenrevisionen kann ein Mitglied der Stadtverordnetenversammlung zugezogen werden;

5) das Eigenthum der Stadtgemeinde zu verwalten, die Gemeinde in Prozessen zu vertreten und ihre Rechte zu wahren;

6) die Gemeindebeamten, nachdem die Stadtverordneten darüber vernommen und hinsichtlich der Polizeibeamten die nach § 4 des Gesetzes über die Polizeiverwaltung vom 11. März 1850 erforderliche Bestätigung [der Aufsichtsb.hörde] des Regierungspräsidenten (Zust.-G. § 7) eingeholt worden ist, anzustellen und dieselben, einschließlich des Gemeindeeinnehmers — § 52 —, zu beaufsichtigen. Die Anstelluug kann, soweit es sich nicht um vorübergehende Dienstleistungen handelt, auf Lebenszeit erfolgen;

7) die Urkunden und Akten der Stadtgemeinde aufzubewahren;

8) die Stadtgemeinde nach Außen zu vertreten und Namens derselben mit Behörden und Privatpersonen zu verhandeln, den Schriftwechsel zu führen und die Gemeindeurkunden in der Urschrift zu vollziehen. Die Ausfertigungen der Urkunden werden Namens der Stadtgemeinde von dem Bürgermeister oder seinem Stellvertreter gültig unterzeichnet; in Fällen, wo die Genehmigung der Aufsichtsbehörde erforderlich ist, muß

dieselbe in beglaubigter Form der gedachten Ausfertigung beigefügt werden;

9) die städtischen Gemeindeabgaben und Dienste nach den Gesetzen und Beschlüssen auf die Verpflichteten zu vertheilen, die Hebelisten — Rollen — aufzustellen, vollstreckbar zu erklären und die Beitreibung zu verfügen. Die Hebelisten müssen, bevor dieselben vollstreckbar erklärt werden, vierzehn Tage offen gelegt sein.

Außerdem beschließt der Bürgermeister auf Beschwerden und Einsprüche, betreffend

1) das Recht zur Mitbenutzung der öffentlichen Gemeindeanstalten, sowie zur Theilnahme an den Nutzungen und Erträgen des Gemeindevermögens,
2) die Heranziehung oder die Veranlagung zu den Gemeindelasten.

Gegen den Beschluß findet die Klage im Verwaltungsstreitverfahren beim Bezirksausschusse binnen zwei Wochen statt. (Zust.-G. § 18.)

Gegen die Entscheidung des Bezirksausschusses in den Fällen unter 2 ist nur das Rechtsmittel der Revision zulässig. (Zust.-G. § 21.)

Einsprüche gegen die Höhe von Gemeindezuschlägen zu den direkten Staatssteuern, welche sich gegen den Prinzipalsatz der letzteren richten, sind unzulässig.

Die Beschwerden und die Einsprüche sowie die Klage haben keine aufschiebende Wirkung. (Zust.-G. § 18.)

§ 54.

Zur dauernden Verwaltung oder Beaufsichtigung einzelner Geschäftszweige, sowie zur Erledigung vorübergehender Aufträge können besondere Deputationen entweder bloß aus Stadtverordneten, oder aus letzteren und aus stimmfähigen Bürgern gewählt werden.

Zu diesen Deputationen und Kommissionen, welche übrigens in allen Beziehungen dem Bürgermeister untergeordnet sind, werden die Stadtverordneten und stimmfähigen Bürger von der Stadtverordnetenversammlung gewählt. Den Vorsitz führt der Bürgermeister oder der von ihm hierzu beauftragte Beigeordnete.

Durch statutarische Anordnungen können nach den eigenthümlichen örtlichen Verhältnissen besondere Festsetzungen über die Zusammensetzung der bleibenden Verwaltungsdeputationen getroffen werden.

Ueber die Gültigkeit von Wahlen solcher Gemeindebeamten beschließt der Bezirksausschuß (Zust.-G., § 14.)

§ 55.

Alle Stadtgemeinden von großem Umfange oder von zahlreicher Bevölkerung werden von dem Bürgermeister, nachdem die Stadtverordneten darüber vernommen worden sind, in Ortsbezirke eingetheilt.

Jedem Bezirke wird ein Bezirksvorsteher vorgesetzt, welcher von der Stadtverordnetenversammlung aus den stimmfähigen Bürgern des Bezirks auf sechs Jahre erwählt und vom Bürgermeister bestätigt wird. In gleicher Weise wird für den Fall der Verhinderung des Bezirksvorstehers ein Stellvertreter desselben angestellt.

Die Bezirksvorsteher sind Organe des Bürgermeisters und verpflichtet, seinen Anordnungen Folge zu leisten, ihn namentlich in den örtlichen Geschäften des Bezirks zu unterstützen.

Ueber die Gültigkeit von Wahlen solcher Gemeindebeamten beschließt der Bezirksausschuß. (Zust.-G. § 14.)

§ 56.

Jedes Jahr, bevor sich die Stadtverordnetenversammlung mit dem Haushaltsetat beschäftigt, hat der Bürgermeister in öffentlicher Sitzung derselben über die Verwaltung und den Stand der Gemeindeangelegenheiten einen vollständigen Bericht zu erstatten. Tag und Stunde werden wenigstens zwei freie Tage vorher in der Gemeinde bekannt gemacht.

§ 57.

Der Bürgermeister hat nach näherer Bestimmung der Gesetze auch noch folgende Geschäfte zu besorgen:

I. wenn die Handhabung der Ortspolizei nicht Königlichen Behörden übertragen ist:

1) die Handhabuug der Ortspolizei;

2) die Verrichtungen eines Hülfsbeamten der [gerichtlichen Polizei] Staatsanwaltschaft; (Gerichtsverfassungsgesetz § 153.)

3) die Verrichtungen eines [Polizeianwalts] Amtsanwalts (Ausführungsgesetz vom 24. April 1878 § 62 und 63), vorbehaltlich der Befugniß [der Behörde] des Regierungspräsidenten (Zust.-G. § 7), in den Fällen 2 und 3 andere Beamte mit diesen Geschäften zu beauftragen. Dem Bürgermeister am Sitze eines Gerichts kann die Vertretung der [Polizeianwaltschaft] Amtsanwaltschaft (Ausführungsgesetz zum Gerichtsverfassungsgesetze §§ 62 und 63) bei dem Gerichte auch für die übrigen

Gemeinden des Gerichtsbezirks übertragen werden.

Bürgermeister, wie auch andere Beamte, denen die Wahrnehmung der [Polizeianwaltschaft] Amtsanwaltschaft bei den Gerichten obliegt, erhalten [von den Gemeinden des Polizeigerichts-Bezirks, welche im Uebrigen nicht zu ihrem Amtsbereich gehören, eine durch die Regierung festzusetzende verhältnißmäßige Entschädigung;] eine entsprechende Entschädigung aus Staatsfonds (Ausführungsgesetz zum Gerichtsverfassungsgesetze §§ 62 — 65.)

II. alle örtlichen Geschäfte der Kreis-, Bezirks-, Provinzial- und allgemeinen Staatsverwaltung, namentlich auch [das Führen der Personenstandsregister] die Geschäfte des Standesbeamten (Gesetz vom 6. Februar 1875 § 4), sofern nicht andere Behörden dazu bestimmt sind.

Mit der Führung der [Personenstandsregister] Geschäfte des Standesbeamten können durch [die Behörde] den Regierungspräsidenten (Zust.-G. § 7) auch andere Gemeindebeamten beauftragt werden.

## Titel VI.

### Von den Gehältern und Pensionen.

§ 58.

Der Normaletat aller Besoldungen wird von dem Bürgermeister entworfen und von der Stadtverordnetenversammlung festgesetzt.

Ist ein Normal-Besoldungsetat überhaupt nicht, oder nur für einzelne Theile der Verwaltung festgestellt, so werden die in solcher Weise nicht vorgesehenen Besoldungen vor der Wahl festgesetzt.

Hinsichtlich der Bürgermeister und der besoldeten Beigeordneten unterliegt die Festsetzung der Besoldungen in allen Fällen der Genehmigung [der Regierung] des Bezirksausschusses. (Zust.-G. § 16, Abs. 3.) [Die Regierung] Der Regierungspräsident (Zust.-G. § 7) ist ebenso befugt als verpflichtet, zu verlangen, daß ihnen die zu einer zweckmäßigen Verwaltung angemessenen Besoldungsbeträge bewilligt werden.

Den Beigeordneten, sofern ihnen nicht eine Besoldung beigelegt ist — § 30 —, können mit Genehmigung [der Regierung] des Bezirksausschusses (Zust.-G. § 16, Abs. 3) feste Entschädigungsbeträge bewilligt werden.

Stadtverordnete erhalten weder Gehalt noch Remuneration, und ist nur die Vergütung der baaren Auslagen zulässig, welche für sie aus der Ausrichtung von Aufträgen entstehen.

§ 59.

Den nicht auf Lebenszeit angestellten Bürgermeistern und besoldeten Beigeordneten sind, sofern nicht mit Genehmigung [der Regierung] des Bezirksausschusses (Zust.-G. § 16, Abs. 3) eine Vereinbarung wegen der Pension getroffen ist, bei eintretender Dienstunfähigkeit, oder wenn sie nach abgelaufener Dienstperiode nicht wieder bestellt werden, folgende Pensionen zu gewähren:

ein Viertel des Gehalts nach sechsjähriger Dienstzeit

die Hälfte des Gehalts nach zwölfjähriger Dienstzeit

zwei Drittel des Gehalts nach vierundzwanzigjähriger Dienstzeit.

Die besoldeten Gemeindebeamten, welche auf Lebenszeit angestellt sind, erhalten, insofern nicht mit den Beamten ein Anderes verabredet worden ist, bei eintretender Dienstunfähigkeit Pension nach denselben Grundsätzen, welche bei den unmittelbaren Staatsbeamten zur Anwendung kommen.

Ueber die Pensionsansprüche der Bürgermeister, der besoldeten Beigeordneten und der übrigen besoldeten Gemeindebeamten entscheidet in streitigen Fällen [die Regierung] der Bezirksausschuß, und zwar, soweit der Beschluß sich darauf erstreckt, welcher Theil des Diensteinkommens bei Feststellung der Pensionsansprüche als Gehalt anzusehen ist, vorbehaltlich der den Betheiligten gegen einander zustehenden Klage im Verwaltungsstreitverfahren, im Uebrigen vorbehaltlich des ordentlichen Rechtsweges. Der Beschluß ist vorläufig vollstreckbar. (Zust.-G. § 20, Abs. 4.) [Gegen den Beschluß der Regierung, soweit derselbe sich nicht auf die Thatsache der Dienstunfähigkeit oder darauf bezieht, welcher Theil des Diensteinkomm.ns als Gehalt anzusehen sei, findet die Berufung auf richterliche Entscheidung statt. Ungeachtet der Berufung sind die festgesetzten Beträge vorläufig zu zahlen.]

Die Pension fällt fort, oder ruht insoweit, als der Pensionirte durch anderweitige Anstellung im Staats- oder Gemeindedienste ein Einkommen oder eine neue Pension erwirbt, welche mit Zurechnung der ersten Pension sein früheres Einkommen übersteigen.

# Titel VII.

## Von dem Gemeindehaushalte.

§ 60.

Ueber alle Ausgaben, Einnahmen und Dienste, welche sich im Voraus bestimmen lassen, entwirft der Bürgermeister jährlich spätestens im November resp. in den communalen Verwaltungen, welche für ihren Haushalt das Etatsjahr vom 1. April bis 31 März jeden Jahres angenommen haben, spätestens im Februar (Gesetz vom 29. Juni 1876 § 1) einen Haushaltsetat.

Der Entwurf wird acht Tage lang, nach vorheriger Verkündigung, in einem oder mehreren von dem Bürgermeister zu bestimmenden Lokalen zur Einsicht aller Einwohner der Stadt offen gelegt, und alsdann von der Stadtverordnetenversammlung festgestellt. Eine Abschrift des Etats wird sofort der Aufsichtsbehörde eingereicht.

§ 61.

Der Bürgermeister hat dafür zu sorgen, daß der Haushalt nach dem Etat geführt werde. Ausgaben, welche außer dem Etat geleistet werden sollen, bedürfen der Genehmigung der Stadtverordneten.

§ 62.

Die Gemeindeabgaben und die Geldbeträge der Dienste — § 50 —, sowie die [Einzugs-] Eintritts- und Einkaufsgelder — § 48 — und die sonstigen Gemeindegefälle werden von den Säumigen im Steuer-Executionswege beigetrieben. (Freizügigkeitsgesetz vom 1. November 1867 § 8.)

§ 63.

Die Jahresrechnung ist von dem Einnehmer vor dem 1. Juni resp. in den communalen Verwaltungen, welche für ihren Haushalt das Etatsjahr vom 1. April bis zum 31. März jeden Jahres angenommen haben, vor dem 1. September (Gesetz vom 29. Juni 1876 § 1) des folgenden Jahres zu legen und dem Bürgermeister einzureichen. Dieser hat die Rechnung zu revidiren und solche mit seinen Erinnerungen und Bemerkungen der Stadtverordnetenversammlung zur Prüfung, Feststellung und Entlastung vorzulegen.

Nach erfolgter Festsetzung der Rechnung wird dieselbe während vierzehn Tage zur Einsicht der Gemeindeglieder offen gelegt.

§ 64.

Die Feststellung der Rechnung muß vor dem 1. September resp. in den communalen Verwaltungen, welche für ihren Haushalt das Etatsjahr vom 1. April bis zum 31. März jeden Jahres angenommen haben, vor dem 1. December (Gesetz vom 29. Juni 1876 § 1) bewirkt sein.

Der Bürgermeister hat [der Aufsichtsbehörde] dem Regierungspräsidenten (Zust.-G. § 7) sofort eine Abschrift des Feststellungsbeschlusses vorzulegen.

Durch statutarische Anordnungen können auch andere Fristen, als vorstehend für die Legung und Feststellung der Rechnung bestimmt sind, festgesetzt werden.

## § 65.

Ueber alle Theile des Vermögens der Stadtgemeinde hat der Bürgermeister ein Lagerbuch zu führen. Die darin vorkommenden Veränderungen werden der Stadtverordnetenversammlung bei der Rechnungsabnahme zur Erklärung vorgelegt.

## Titel VIII.

### Von der Einrichtung der städtischen Verfassung mit kollegialischem Magistrat.

§ 66.

In Städten, wo die Gemeindevertretung durch einen, nach zweimal mit einem Zwischenraum von mindestens acht Tagen vorgenommener Berathung zu fassenden Beschluß darauf anträgt, kann unter Genehmigung [der Regierung] des Bezirksausschusses (Zust.-G. § 16, Abs. 3) die städtische Verfassung mit kollegialischem Magistrat, welcher die Obrigkeit der Stadt ist, die städtischen Gemeindeangelegenheiten verwaltet und an der Vertretung der Stadtgemeinde Theil nimmt, eingerichtet werden.

§ 67.

Wird eine Einrichtung dieser Art getroffen, so finden die Vorschriften der Titel I. bis VII. mit folgenden Modifikationen Anwendung:

§ 68.

Der Magistrat besteht aus dem Bürgermeister, einem Beigeordneten oder zweiten Bürgermeister als dessen Stellvertreter, einer Anzahl von Schöffen (Stadträthe, Rathsherren, Rathsmänner) und, wo das Bedürfniß es erfordert, noch aus einem oder mehreren besoldeten Mitgliedern (Syndicus, Kämmerer, Schulrath, Baurath u. s. w.).

Es gehören zum Magistrat:

in Stadtgemeinden von weniger als 10000 Einwohnern 2 Schöffen,

in Stadtgemeinden von 10000 bis 20000 Einwohnern 4 Schöffen

und in Stadtgemeinden von 20000 und mehr Einwohnern 6 Schöffen.

Durch statutarische Anordnungen können abweichende Festsetzungen über die Zahl der Magistratspersonen getroffen werden.

## § 69.

Zu den Personen, welche nicht Magistratspersonen sein können — § 29 — gehören auch die Stadtverordneten.

## § 70.

Außer dem Bürgermeister werden die übrigen besoldeten Magistratsmitglieder ebenfalls auf zwölf Jahre, dagegen die unbesoldeten Beigeordneten und die Schöffen auf sechs Jahre von der Stadtverordnetenversammlung gewählt. Auch kann die Wahl des Bürgermeisters und der besoldeten Magistratspersonen auf Lebenszeit erfolgen.

Alle drei Jahre scheidet die Hälfte der Schöffen aus und wird durch neue Wahlen ersetzt. Die das erste Mal Ausscheidenden werden durch das Loos bestimmt. Die Ausscheidenden können wieder gewählt werden. Wegen der außergewöhnlichen Ersatzwahlen findet die Bestimmung in § 20 Anwendung.

§ 71.

Die Wahlen aller Magistratsmitglieder bedürfen der Bestätigung, wobei die im § 32 hinsichtlich der Bürgermeister und Beigeordneten enthaltenen Vorschriften auch hier Anwendung finden, jedoch in Bezug auf die übrigen besoldeten Magistratsmitglieder und die Schöffen mit der Maßgabe, daß deren Bestätigung, beziehungsweise Ernennung in allen Städten ohne Unterschied der Größe [der Regierung] dem Regierungspräsidenten (Zust.=G. § 13, Abs. 1) zusteht.

§ 72.

Die Stadtverordnetenversammlung wählt jährlich einen Vorsitzenden, sowie einen Stellvertreter desselben, aus ihrer Mitte. Doch kann auch die Stelle des Schriftführers ein von der Stadtverordnetenversammlung nicht aus ihrer Mitte gewählter, in öffentlicher Sitzung hierzu von dem Bürgermeister vereideter Protokollführer vertreten.

Diese Wahl erfolgt in dem § 31 vorgeschriebenen Verfahren.

Der Magistrat wird zu allen Versammlungen unter Anzeige des Gegenstandes der Berathung eingeladen und kann sich durch Abgeordnete vertreten lassen. Die Stadtverordneten können verlangen, daß Abgeordnete des Magistrats dabei anwesend sind.

Der Magistrat muß gehört werden, so oft er es verlangt.

§ 73.

Dem Magistrat müssen alle Beschlüsse der Stadtverordneten = Versammlung mitgetheilt werden.

§ 74.

Die in §§ 5, 6, 13, 18, 19, 20, 21, 26, 41, 53, 55, 56, 60, 61, 63, 64 und 80 bezeichneten Rechte und Pflichten des Bürgermeisters gehen unter der Geschäftsleitung Seitens des letzteren auf den Magistrat über, mit der Maßgabe, daß Alinea 2, Nr. 2, § 53 in Wegfall kommt, daß auch hier die Ausfertigungen der Urkunden — Nr. 8, § 53 — Namens der Stadtgemeinde von dem Bürgermeister oder seinem Stellvertreter gültig unterschrieben werden, ferner daß die Beschlüsse der Stadtverordnetenversammlung in allen Angelegenheiten, bei denen nach dem Gesetz dem Magistrat die Ausführung zukommt, der Zustimmung des Letzteren bedürfen. Dieser Zustimmung bedürfen auch die von der Stadtverordnetenversammlung nach §§ 19 und 44 gefaßten Beschlüsse wegen Feststellung der Liste der stimmfähigen Bürger und wegen Abfassung der Geschäftsordnung.

Versagt der Magistrat die Zustimmung, so hat er die Gründe der Versagung der Stadtverordnetensammlung mitzutheilen. — Erfolgt hierauf keine Verständigung, zu deren Herbeiführung sowohl von dem Magistrate als der Stadtverordnetenversammlung die Einsetzung einer gemeinschaftlichen Kommission verlangt werden kann [so ist die Entscheidung der Regierung einzuholen], so beschließt der Bezirksausschuß über die zwischen dem Magistrat und der Stadtverordnetenversammlung entstandene Meinungsverschiedenheit, wenn von einem Theile auf Entscheidung angetragen wird und zugleich die Angelegenheit nicht auf sich beruhen bleiben kann. (Zust.-G. § 17 sub 1.)

Der Magistrat ist verpflichtet, die Zustimmung und Ausführung zu versagen, wenn von der Stadtverordnetenversammlung ein Beschluß gefaßt ist, welche deren Befugniß überschreitet, gesetz- oder rechtswidrig ist, das Staatswohl oder das Gemeinde-Interesse verletzt.

Einzelne der in § 57 unter I und II erwähnten Geschäfte des Bürgermeisters können mit Genehmigung [der Regierung] des Regierungspräsidenten (Zust.-G. § 7) einem anderen Magistratsmitgliede übertragen werden.

Der kollegialische Gemeindevorstand kann zur Wahrung seiner Rechte im Verwaltungsstreitverfahren einen besonderen Vertreter bestellen. (Zust.-G. § 21.)

## § 75.

Der Magistrat kann nur beschließen, wenn mehr als die Hälfte seiner Mitglieder zugegen ist.

Die Beschlüsse werden nach Stimmenmehrheit gefaßt. Bei Stimmengleichheit ist die Stimme des Vorsitzenden entscheidend. Den Vorsitz führt der Bürgermeister oder sein Stellvertreter. — Der Vorsitzende ist verpflichtet, wenn ein Beschluß des Magistrats dessen Befugnisse überschreitet, gesetz- oder rechtswidrig ist, das Staatswohl oder das Gemeinde-Interesse verletzt, die Ausführung eines solchen Beschlusses zu beanstanden und die Entscheidung [der Regierung] des Bezirksausschusses einzuholen. Der Bezirksausschuß beschließt, wenn die Angelegenheit nicht auf sich beruhen bleiben kann. (Zust.-G. § 17, Abs. 1.)

Der Beigeordnete nimmt auch außer dem Falle der Stellvertretung an den Verhandlungen und Beschlüssen Theil. Bei Berathung über solche Gegenstände, welche das Privat-Interesse eines Mitglieds des Magistrats oder seiner Angehörigen berühren, muß dasselbe sich der Theilnahme an der Berathung und Abstimmung enthalten, auch sich während der Berathung aus dem Sitzungszimmer entfernen.

§ 76.

In allen Fällen, wo die vorherige Beschlußnahme durch den Magistrat einen nachtheiligen Zeitverlust verursachen würde, muß der Bürgermeister die dem Magistrate obliegenden Geschäfte vorläufig allein besorgen, jedoch dem letzteren in der nächsten Sitzung, Behufs der Bestätigung oder anderweiten Beschlußnahme, Bericht erstatten.

§ 77.

Zur dauernden Verwaltung oder Beaufsichtigung einzelner Geschäftszweige, sowie zur Erledigung vorübergehender Aufträge, können besondere Deputationen entweder bloß aus Mitgliedern des Magistrats, oder aus Mitgliedern beider Stadtbehörden, oder aus letzteren und aus stimmfähigen Bürgern gewählt werden. Zur Bildung gemischter Deputationen aus beiden Stadtbehörden ist ein übereinstimmender Beschluß beider erforderlich.

Zu diesen Deputationen und Kommissionen, welche übrigens in allen Beziehungen dem Magistrate untergeordnet sind, werden die Stadtverordneten und stimmfähigen Bürger von der Stadtverordnetenversammlung gewählt, die Magistratsmitglieder dagegen von dem Bürgermeister ernannt, welcher auch unter den letzteren den Vorsitzenden zu bezeichnen hat.

§ 78.

Schöffen erhalten weder Gehalt noch Remuneration, und ist nur die Vergütung der baaren Auslagen zulässig, welche für sie aus der Ausrichtung von Aufträgen entstehen.

Die Bestimmungen in §§ 58 und 59 und hinsichtlich der Gehälter und Pensionen der Bürgermeister und besoldeten Beigeordneten finden auch auf die übrigen besoldeten Mitglieder des Magistrats Anwendung.

## Titel IX.

### Von der Verpflichtung zur Annahme von Stellen und von dem Ausscheiden aus d.nselben wegen Verlustes des Bürgerrechts.

§ 79.

Ein jeder stimmfähiger Bürger ist verpflichtet, eine unbesoldete Stelle in der Gemeinde-Verwaltung oder Vertretung anzunehmen, sowie eine angenommene Stelle mindestens drei Jahr lang zu versehen.

Zur Ablehnung oder zur früheren Niederlegung einer solchen Stelle berechtigen, worüber die Stadtverordnetenversammlung beschließt (Zust.-G. § 10), nur folgende Entschuldigungsgründe:

1) anhaltende Krankheit;
2) Geschäfte, die eine häufige oder lange dauernde Abwesenheit mit sich bringen;
3) ein Alter über sechszig Jahre;
4) die früher stattgehabte Verwaltung einer unbesoldeten Stelle für die nächsten drei Jahre;
5) die Verwalung eines anderen öffentlichen Amtes;
6) ärztliche oder wundärztliche Praxis;
7) sonstige besondere Verhältnisse, welche nach dem Ermessen der Stadtverordnetenversammlung eine gültige Entschuldigung begründen.

Wer sich ohne einen dieser Entschuldigungsgründe weigert, eine unbesoldete Stelle in der Gemeinde-Verwaltung oder Vertretung anzunehmen, oder die noch nicht drei Jahre lang versehene Stelle ferner zu versehen, sowie derjenige, welcher sich der Verwaltung solcher Stellen thatsächlich entzieht, kann durch Beschluß der Stadtverordnetenversammlung auf drei bis sechs Jahre der Ausübung des Bürgerrechts verlustig erklärt und um ein Achtel bis ein Viertel stärker zu den direkten Gemeindeabgaben herangezogen werden.

[Der Beschluß bedarf der Bestätigung der Aufsichtsbehörde.] Dieser Beschluß bedarf keiner Genehmigung oder Bestätigung von Seiten des Gemeindevorstandes oder der Aufsichtsbehörde. Gegen den Beschluß findet die Klage im Verwaltungsstreitverfahren binnen zwei Wochen bei dem Bezirksausschusse statt. Die Klage steht auch dem Gemeindevorstande zu. (Zust.-G. § 10.) Die Stadtverordnetenversammlung, beziehungsweise der kollegialische Gemeindevorstand können zur Wahrnehmung ihrer Rechte im Verwaltungsstreitverfahren einen besonderen Vertreter bestellen. (Zust.-G. § 21.)

## § 80.

Wer eine das Bürgerrecht voraussetzende Stelle in der Verwaltung oder Vertretung der Stadtgemeinde bekleidet, scheidet aus derselben aus, wenn er des Bürgerrechts verlustig geht; im Falle des ruhenden Bürgerrechts tritt die Suspension ein — § 7 —.

Die zu den bleibenden Verwaltungsdeputationen gewählten stimmfähigen Bürger und andere von der Stadtverordnetenversammlung auf eine bestimmte Zeit gewählten unbesoldeten Gemeindebeamten können [von dem Bürgermeister in Uebereinstimmung mit der Stadtverordnetenversammlung] durch Beschluß der Stadtverordnetenversammlung (Zust.-G. § 10) auch vor Ablauf ihrer Wahlperiode von ihrem Amte entbunden werden.

---

## Titel X.

### Von der Oberaufsicht über die Stadtverwaltung.

### § 81.

Die Aufsicht des Staates über die städtischen Gemeindeangelegenheiten wird, soweit nicht durch die Vorschriften dieses Gesetzes ein Anderes ausdrücklich bestimmt ist, [bei Städten von mehr als 10 000 Einwohnern von der Regierung, bei den übrigen Städten in erster Instanz von dem Landrathe, in zweiter Instanz von der Regierung ausgeübt], in erster Instanz von dem Regierungspräsidenten, in höherer und letzter Instanz von dem Oberpräsidenten geübt, unbeschadet der in den Gesetzen geordneten Mitwirkung des Bezirksausschusses und des Provinzialraths (Zust.-G. § 7).

Der Bezirksausschuß beschließt jedoch an Stelle der Aufsichtsbehörde:

1) über die Art der gerichtlichen Zwangsvollstreckung wegen Geldforderungen gegen Stadtgemeinden (§ 15 zu 4 des Einführungsgesetzes zur Deutschen Civilprozeßordnung vom 30. Januar 1877, Reichs-Gesetzbl. S. 244);

2) über die Feststellung und den Ersatz der Defekte der Gemeindebeamten nach Maßgabe der Verordnung vom 24. Januar 1844 (Gesetz-Samml. S. 52); der Beschluß ist vorbehaltlich des ordentlichen Rechtsweges endgültig. (Zust.-G. § 17 sub 4 und 5.)

§ 82.

Gegen die Entscheidung der Stadtbehörden findet [wo die Aufsicht dem Landrathe zusteht, der Rekurs an den Landrath, sonst aber an die Regierung statt; gegen die Entscheidung des Landraths ist der Rekurs an die Regierung und gegen die Entscheidung der Regierung der Rekurs an den Oberpräsidenten zulässig] die Beschwerde an den Regierungspräsidenten statt; gegen die Entscheidung des Regierungspräsidenten ist die Beschwerde an den Oberpräsidenten zulässig. (Zust.-G. § 7, Abs. 1.)

[Der Rekurs muß in allen Instanzen innerhalb eine Praeklusivfrist von vier Wochen nach der Zustellung oder Bekanntmachung der Entscheidung eingelegt werden, insofern nicht die Einlegung des Rekurses durch Bestimmungen dieses Gesetzes an andere Fristen geknüpft ist.] Beschwerden bei den Aufsichtsbehörden in städtischen Gemeindeangelegenheiten sind in allen Instanzen innerhalb zwei Wochen anzubringen. (Zust.=G. § 7, Abs. 3.)

## § 83.

[Wenn die Stadtverordnetenversammlung einen Beschluß gefaßt hat, welcher deren Befugnisse überschreitet, gesetz- oder rechtswidrig ist, oder das Staatswohl verletzt, so ist die Aufsichtsbehörde ebenso befugt als verpflichtet, den Vorstand der Stadt zur vorläufigen Beanstandung der Ausführung zu veranlassen. Dieser hat hiervon die Stadtverordnetenversammlung zu benachrichtigen und über den Gegenstand des Beschlusses sofort an die Regierung zu berichten. Die Regierung hat sodann ihre Entscheidung unter Anführung der Gründe zu geben.] Beschlüsse der Stadtverordnetenversammlung oder des kollegialischen Magistrats, welche deren Befugnisse überschreiten oder die Gesetze verletzen, hat der Gemeindevorstand, beziehungsweise der Bürgermeister, entstehenden Falles auf Anweisung der Aufsichtsbehörde, mit aufschiebender Wirkung unter Angabe der Gründe zu beanstanden. Gegen die Verfügung des Gemeindevorstandes (Bürgermeisters) steht der Stadtverordnetenversammlung, beziehungsweise dem kollegialischen Magistrate die Klage im Verwaltungsstreitverfahren zu. (Zust.-G. § 15.)

Die Klage ist binnen zwei Wochen direkt bei dem Bezirksausschusse anzubringen. Die Stadtverordnetenversammlung, beziehungsweise der kollegialische Magistrat können zur Wahrnehmung ihrer Rechte im Verwaltungsstreitverfahren einen besonderen Vertreter bestellen. (Zust.-G. § 21.)

§ 84.

Wenn die Stadtverordnetenversammlung, beziehungsweise die Stadtgemeinde, es unterläßt oder verweigert, die der Gemeinde gesetzlich obliegenden [Leistungen auf den Haushaltsetat zu bringen oder außerordentlich zu genehmigen, so läßt die Regierung unter Anführung der Gründe die Eintragung in den Etat von Amtswegen bewirken, oder stellt beziehungsweise die außerordentliche Ausgabe fest], von der Behörde innerhalb der Grenzen ihrer Zuständigkeit festgestellten Leistungen auf den Haushaltsetat zu bringen oder außerordentlich zu genehmigen, so verfügt der Regierungspräsident unter Anführung der Gründe die Eintragung in den Etat, beziehungsweise die Feststellung der außerordentlichen Ausgabe.

Gegen die Verfügung des Regierungspräsidenten steht der Gemeinde die Klage beim Oberverwaltungsgerichte zu.

Eine Feststellung des Stadtetats durch die Aufsichtsbehörde findet fortan nicht statt. (Zust.-G. § 19.)

§ 85.

[In den Fällen der §§ 83 und 84 steht der Stadtverordnetenversammlung gegen die Entscheidung der Regierung der Rekurs an den Oberpräsidenten innerhalb zehn Tagen zu]. Zust.-G. § 15 und 19.

§ 86.

Durch Königliche Verordnung kann auf den Antrag des Staatsministeriums eine Stadtverordnetenversammlung aufgelöst werden. Es ist sodann eine Neuwahl derselben anzuordnen, und muß diese binnen sechs Monaten vom Tage der Auflösungsverordnung an erfolgen. Bis zur Einführung der neu gewählten Stadtverordneten [sind deren Verrichtungen durch besondere, von dem Minister des Innern zu bestellende Kommissarien zu besorgen] beschließt der Bezirksausschuß an Stelle der aufgelösten Stadtverordnetenversammluug. (Zust.-G. § 17, sub 3.)

## § 87.

[In Betreff der Dienstvergehen der Bürgermeister und der sonstigen Gemeindebeamten kommen die darauf bezüglichen Gesetze zur Anwendung.] Bezüglich der Dienstvergehen der Bürgermeister, Beigeordneten, Magistratsmitglieder und sonstigen Gemeindebeamten kommen die Bestimmungen des Gesetzes vom 21. Juli 1852 mit folgenden Maßgaben zur Anwendung:

1) Gegen die Bürgermeister, Beigeordneten und Magistratsmitglieder, sowie gegen die sonstigen Gemeindebeamten kann an Stelle der Bezirksregierung und innerhalb des derselben bisher zustehenden Ordnungsstrafrechts der Regierungspräsident Ordnungsstrafen festsetzen. Gegen die Strafverfügungen des Regierungspräsidenten findet innerhalb zwei Wochen die Beschwerde an den Oberpräsidenten, gegen den auf die Beschwerde ergehenden Beschluß des Oberpräsidenten findet innerhalb zwei Wochen die Klage bei dem Oberverwaltungsgerichte statt.
2) Gegen die Strafverfügungen des Bürgermeisters findet innerhalb

zwei Wochen die Beschwerde an den Regierungspräsidenten, und gegen den auf die Beschwerde ergehenden Beschluß des Regierungspräsidenten innerhalb zwei Wochen die Klage bei dem Oberverwaltungsgerichte statt.

3) In dem Verfahren auf Entfernung aus dem Amte wird die Einleitung des Verfahrens von dem Regierungspräsidenten, beziehungsweise dem Minister des Innern verfügt und von demselben der Untersuchungs-Kommissar ernannt; an die Stelle der Bezirks-Regierung, beziehungsweise des Disciplinarhofes tritt als entscheidende Disciplinarbehörde erster Instanz der Bezirksausschuß; an die Stelle des Staats-Ministeriums tritt das Oberverwaltungsgericht; den Vertreter der Staatsanwaltschaft ernennt bei dem Bezirksausschusse der Regierungspräsident, bei dem Oberverwaltungsgerichte der Minister des Innern.

In dem vorstehend bezüglich der Entfernung aus dem Amte vorgesehenen Verfahren ist entstehenden Falles auch über die Thatsache der Dienstunfähigkeit der Bürgermeister, Beigeordneten, Magistratsmitglieder und sonstigen Gemeindebeamten Entscheidung zu treffen.

Gegen Mitglieder der Stadtverordnetenversammlung findet ein Disziplinarverfahren nicht statt. (Zust.-G. § 20.)

---

## Titel XI.

### Ausführungs- und Uebergangsbestimmungen.

§ 88.

Die zur Ausführung dieses Gesetzes erforderlichen Bestimmungen werden von dem Minister des Innern getroffen.

§ 89.

Der durch Einführung der Gemeindeordnung vom 11. März 1850 beseitigte Census, welcher für die Meistbeerbten in den einzelnen Gemeinden bestand, ist für die Erwerbung des Bürgerrechts, vorbehaltlich anderweiter Festsetzung, gemäß § 5 der gegenwärtigen Städteordnung wiederhergestellt.

§ 90.

In den nicht im Bürgermeistereiverbande mit anderen Gemeinden befindlichen Städten, wo die Gemeindeordnung vom 11. März 1850 bereits eingeführt ist, tritt die gegenwärtige Städteordnung sogleich nach ihrer Verkündigung in Kraft und an die Stelle jener Gemeindeordnung; die auf Grund der letzteren gewählten Bürgermeister und Beigeordneten, sowie die Mitglieder des Gemeinderaths, diese als Stadtverordnete, verbleiben jedoch in ihren Stellen bis zum Ablauf der Periode, für welche sie gewählt worden sind, und behalten, soweit sie eine besoldete Stelle bekleiden, ihre bisherigen Besoldungen und Pensionsansprüche.

§ 91.

Für die mit anderen Gemeinden im Bürgermeistereiverbande befindlichen Städte kommen die Vorschriften des § 90 ebenfalls zur Anwendung, nachdem sie aus diesem Bürgermeistereiverbande ausgeschieden sein werden, vorbehaltlich der hierbei als nothwendig sich ergebenden, von dem Minister des Innern zu treffenden näheren Anordnungen.

§ 92.

Alle Gemeindebeamten sind in ihren Aemtern und Einkünften zu belassen, und behalten ihre bisherigen Pensionsansprüche.

§ 93.

Wo die Einführung der Gemeindeordnung vom 11. März 1850 noch nicht beendigt ist und die Gemeindeordnung vom 23. Juli 1845 noch in Wirksamkeit sich befindet, tritt an Stelle der letzteren die gegenwärtige Städteordnung ebenfalls nach ihrer Verkündigung in Kraft. Es bleiben hierbei die bisherigen Gemeindebeamten und Mitglieder der Gemeindevertretungen, ihrer Anstellung gemäß, bis zum Ablauf der Periode, für welche sie bestellt worden, in ihren Stellen.

Ist jedoch bei Einführung der Gemeindeordnung vom 11. März 1850 von dem in § 29 verliehenen Wahlrecht schon Gebrauch gemacht, so bedürfen der Bürgermeister und die Beigeordneten der Bestätigung, insoweit diese seither noch nicht ertheilt ist.

Wird ein Bürgermeister in Folge dessen nicht beibehalten, so hat er den in der Gemeinde-Ordnung vom 11. März 1850 § 157 bezeichneten Pensionsanspruch.

§ 94.

Die Verhältnisse der vormals unmittelbaren Deutschen Reichsstände und derjenigen Besitzer von Standesherrlichkeiten, welchen gleichartige Befugnisse besonders verliehen sind in Beziehung auf das Gemeindewesen, bleiben gemäß der Verordnung vom 12. November v. J. — Gesetz-Sammlung S. 688 — besonderer Regulirung vorbehalten.

Druck von Paul Schettler's Erben in Cöthen.

Schettler's Erben, Cöthen.

FSC
www.fsc.org
MIX
Papier | Fördert
gute Waldnutzung
FSC® C083411

Kolibri 360 GmbH
Ferdinand-Jühlke-Straße 7
99095 Erfurt, Deutschland
produktsicherheit@kolibri360.de